サスティナブル・コンバージョン

不動産法・制度等からみた課題と20の提言

- 丸山 英気
- 武田 公夫
- 石塚 克彦
- 上原 由起夫
- 中城 康彦
- 齋藤 広子
- 井出 真
- 森島 義博
- 安西 弘康

PROGRES
プログレス

まえがき

　コンバージョンが注目されている。コンバージョンは、既存建築物の不十分な性能を補強・改修すると同時に、建築物の用途や空間を不動産市場に対応したものに変更して建築物の継続利用を図るものである。コンバージョンに対する期待は、新規建築物の供給や景気の後退などにより、利用率が低下する既存建築物の稼働率を高め、不動産経営や都市経営の改善をもたらす側面のみならず、既存建築物を長期に利用することによって省資源社会を実現する側面に対するものも大きい。

　コンバージョンは第一義的には、建築物の利用用途の変更を指すが、それにいたる背景や実現のための方策を検証するとき、副次的に所有の変更をも視野に入れざるを得ないことが少なくない。不動産の保有・利用・管理に関し、何らかの課題を抱える所有者がその打開のためにコンバージョンを検討する際に、必要な事業資金が調達できず、やむを得ず、所有権の全部または一部を譲渡することが事業化の要件となることが考えられるからである。このように、コンバージョンは建築物の用途または所有の変更を、時に単独で、時に同時に行う。また、これらを建築物全体で行うこともあれば、部分的に行うこともある。さらに、都市の成熟や景気の循環などを考慮するならば、これらは可逆的であることが求められる。つまり、コンバージョンとは、建築物の用途と所有の変更の可逆的な組み合わせによってストックを循環させ、持続可能な社会を実現する手法ということができる。

　わが国の現状をみると、しかしながら、コンバージョンの事業化は必ずしも容易でない。土地と建物との対比において土地が、新築と既存との対比において新築が重視されてきた経緯の下で、不動産の法や制度が既存建築物の再事業化であるコンバージョンを担保するものとなっていない。本書の目的は、この

点を掘り下げることにある。

　本書は文部科学省の革新的技術開発研究推進費補助金を得て行った、「建物のコンバージョンによる都市空間有効活用技術の開発研究」（平成13年度〜平成15年度、研究代表者東京大学大学院助教授　松村秀一）の研究成果の一部である。研究会ではコンバージョンをわが国に導入し、定着させるためにどのような課題があり、どのように対処すればよいかについて、産学官が連携して取り組んだ。

　本書は、研究会のなかに設置された法制・不動産評価検討分科会の成果を集約したものである。各章の内容については、見解・論旨の全体的統一よりも各執筆者の主張を優先し、執筆者の文責においてまとめたものである。したがって、さまざまな見解がしめされることになったが、今後の議論の展開ならびに実践の土台として活用していただければ幸いである。

　サスティナブルな社会を実現するための建物コンバージョンという意図をこめて、本書のタイトルは「サスティナブル・コンバージョン」とした。コンバージョンの概念のなかに持続性の意味合いが含まれているため、屋上屋を重ねる感もあるが、コンバージョンが単に改修工事で完結するものではなく、爾後の持続性が発揮できてはじめてその趣旨が実現されるものであるとの確認を含んでいる。

　コンバージョンが適切に導入されて定着するために、一人でも多くの方に本書をお読みいただき、内容を共有したいと願っている。

2004年4月

著者代表　丸　山　英　気

目　次

I　サスティナブル社会のコンバージョン

1　コンバージョンへと動かすもの……2

- **1** コンバージョンとは……2
- **2** 部分コンバージョン……3
- **3** コンバージョン意識……4
- **4** コンバージョンはなぜ起こるか……6
- **5** コンバージョンの担い手……7
- **6** コンバージョンと自治体……9
- **7** コンバージョンと地域規制……9

2　サスティナブル社会と都市居住……11

- **1** サスティナブル社会をどうとらえるか……11
  - (1) サスティナブル社会に求められること　11
  - (2) サスティナブル社会の建築への期待　12
- **2** コンバージョン住宅は住みやすいか──安全で安心し、安定した居住が可能か……14
  - (1) 建物のコンバージョン　14
  - (2) 建物の用途コンバージョンパターンとその背景　15
  - (3) 居住の場として求められる基本的な居住環境　15
  - (4) サスティナブル社会の居住のために　21
- **3** 建物コンバージョンは何を物語っているのか……25

4 サスティナブル社会で求められるサスティナブル・スペース・マネジメントシステム ……26
(1) わが国の不動産市場・不動産業事情　26
(2) わが国の建設業事情　27
(3) 建物をデザインしつづけること —— マネジメントの必要性　27

3 サスティナブル社会の不動産経営 ……28

1 サスティナブル社会の不動産 ——"不動産が変わる" ……28
(1) 不動産は利用するものである　28
(2) 不動産の価格は将来の予測である　30
(3) 収益を生むのは建物である　31
(4) 硬い建築物をしなやかに利用する —— スペース・マネジメント　31

2 これからの不動産経営 ——"経営が変わる" ……33
(1) 所有と経営を分離する ——"もの"から"ひと"へ　33
(2) 経営と利用を継続する ——"ひと"から"もの"へ　35

Ⅱ コンバージョンのための法と制度

1 コンバージョンで検討すべき項目 ……42

1 コンバージョンの実施で考慮する事項 ……42
(1) 用途の変更　42
(2) 権利の変動　43
(3) 事業主体 —— 単独事業と共同事業　44
(4) 借家人の立ち退き　44
(5) 資金の調達　45
(6) 資金の回収　45
(7) ユーザー参加方式　46

(8)　サブリース方式　　　　　46
　　(9)　スケルトン・インフィル——一体型と分離型　　47
　2　コンバージョンの事業化のパターン　　47
　　(1)　コンバージョン前の所有と利用　　47
　　(2)　コンバージョンの類型　　48

2　コンバージョンと建築基準法　　56

　1　建築確認申請とは　　56
　2　検査済証の重要性　　57
　3　コンバージョンをするには確認申請が必要である　　57
　　(1)　用途変更に際して準用しなければならない規定　　58
　　(2)　既存不適格建築物への規定の準用　　58
　　(3)　類似の用途間では現在の法を適用しなくてもよいこともある　　59
　4　建築物の耐震改修の促進に関する法律　　61
　5　コンバージョンに際してチェックしなければならない法規定(1)
　　　　——集団規定　　61
　　(1)　用途地域の制限　　62
　　(2)　形態制限　　62
　　(3)　接道条件等　　63
　6　建築物が容積緩和を受けている場合　　65
　7　コンバージョンに際してチェックしなければならない法規定(2)
　　　　——単体規定　　65
　　(1)　防火規定にかかわる課題　　65
　　(2)　建築基準法上の避難規定にかかわる課題　　67
　　(3)　その他の課題　　69
　8　消防法にかかわる課題　　69

3　コンバージョンと区分所有 ……… 72

1　コンバージョンの基礎 ……… 72
2　コンバージョンと金融 ……… 74
　(1)　費用の捻出　74
　(2)　全部コンバージョン　74
　(3)　部分コンバージョン　76
　(4)　抵当権からの解放　77
　(5)　収益的発想　78
3　区分所有の成立条件 ……… 79
　(1)　コンバージョンの区分所有　79
　(2)　区分所有権の対象　79
　(3)　構造上の独立性　80
　(4)　利用上の独立性　81
　(5)　無隔壁区分所有　81
4　一部共用部分 ……… 81
　(1)　問題性　81
　(2)　コンバージョンと管理　82

4　借地権とコンバージョン ……… 84

1　どの程度のコンバージョンやリノベーションであれば地主の承諾が必要か ……… 84
2　地代の改定は必要か ……… 89
3　定期借地権を用いた場合 ……… 90
　(1)　一般定期借地権の場合　90
　(2)　建物譲渡特約付借地権の場合　91
　(3)　事業用借地権の場合　91
4　建替えとの比較 ……… 92

(1) 建替承諾料について　92
　　(2) 金融との関係　93
　5　正当事由について……………………………………………………94
　　(1) 合意更新　94
　　(2) 法定更新　94
　　(3) 借地契約の更新拒絶の要件　94

5　借家権とコンバージョン……………………………………………99

　1　正当事由制度……………………………………………………………99
　　(1) 旧借家法が適用される場合　99
　　(2) 借地借家法が適用される場合　102
　2　正当事由制度の見直し……………………………………………108
　3　定期借家権について……………………………………………………108

6　不動産鑑定とコンバージョン……………………………………113

　1　不動産鑑定評価基準の変遷と今後の課題…………………………113
　2　価格概念の課題………………………………………………………114
　3　地域概念と地域分析…………………………………………………118
　4　建物の価格形成要因…………………………………………………121
　5　原価法…………………………………………………………………124
　　(1) 再調達原価　125
　　(2) 減価要因と減価修正　126
　6　収益還元法……………………………………………………………130
　　(1) 純収益　130
　　(2) 還元利回りと割引率　131
　　(3) 収益還元の方法　131

7 コンバージョンの税金 ……… 133

1 はじめに —— コンバージョンの主体とその後の所有形態 ……… 133
2 それぞれの局面で生じる税金 ……… 134
 (1) 事務所ビルの売買時の税金　134
 (2) コンバージョン時の税金　135
 (3) コンバージョン後のマンションの売買時の税金　135
 (4) コンバージョン後のマンションの保有時の税金　136
 (5) コンバージョン後のマンションの賃貸時の税金　136
3 家屋の固定資産税評価額について ……… 137
 (1) 家屋の評価方法　137
 (2) 再建築費評点数について　137
 (3) 経年減点補正率について　139
4 マンションを取得するエンドユーザーの税金について ……… 140
 (1) 不動産取得税について　140
 (2) 登録免許税について　143
 (3) 住宅借入金等を有する場合の所得税額の特別控除　144
5 固定資産税・都市計画税について ……… 144
 (1) 固定資産税（家屋）について　145
 (2) 固定資産税（住宅用地）について　145
 (3) 都市計画税（家屋）について　147
 (4) 都市計画税（住宅用地）について　147
6 減価償却について ……… 147

8 コンバージョンと信託 ……… 149

1 信託とは ……… 149
 (1) 信託の根拠法　149
 (2) 信託の定義　153

  (3) 信託の特徴 153
  (4) 信託の成立 154
  (5) 信託契約の成立と当事者 155
  (6) 信託の種類と報酬 155
  (7) 信託財産 156
  (8) 受益権 157
  (9) 信託の対抗要件 157
  (10) 信託の目的 158
  (11) 信託の期間 158
  (12) 信託の成立要件 159
  (13) 信託の終了 159
 2 不動産信託 ··160
  (1) 不動産管理信託 160
  (2) 不動産処分信託 161
  (3) 不動産設備信託 161
  (4) 土地信託 162
  (5) 不動産証券化と信託 163
 3 コンバージョンと不動産信託の活用 ··164
  (1) 資金（コンバージョン費用）調達機能の活用 164
  (2) 管理・運営機能の活用 166
  (3) 処分機能の活用 167
  (4) 資産保全機能の活用 168
 4 コンバージョンと不動産信託活用の課題 ··168
  (1) デューデリジェンス 169
  (2) 瑕疵担保責任 169
  (3) 委託者・受託者からみた収益性 169
  (4) 制度としての未熟さ 170

9 コンバージョンと不動産登記 ………………………171
1 不動産登記制度の概要 ……………………………171
2 表示登記制度と役割 ………………………………173
3 既存建物を用途変更し、賃貸する場合 …………174
  (1) 建物のコンバージョンによる場合の種類変更の登記申請　175
  (2) 登記申請書に添付する書面とその記載　177
4 既存建物を区分し、一部以外の部分を売買する場合 …………179
  (1) コンバージョン後の建物の区分の登記申請　180
  (2) 登記申請書に添付する書面とその記載　184
  (3) 添付した書類の原本還付　187
  (4) 建物の表示に関する登記手続　188
  (5) 職権による表示登記と登記官の実地調査権　188
5 スケルトン・インフィル分譲住宅とその登記上の取扱い …………189

III サスティナブル社会のコンバージョンのための20の提言 ── 諸外国の事例を踏まえて ──

《建築技術・制度に関して》

1．建物の大規模修繕・改修技術・推進体制の整備
　　── 技術推進体制・新専門家の育成 ………………192
2．建物の履歴情報の社会的ストック ………………193
3．建物の修繕勧告制度と建物保存勧告制度 ………195
4．2段階建築確認や建物検査制度 …………………197
5．時間軸の導入による段階的整備 …………………197
6．用途別建築法規制の是正 …………………………197

《都市計画制度との関連で》

7．地区計画などによる立体的利用規制……………………198
8．地区レベルでの共用施設整備制度 ……………………199

《居住政策との関連で》

9．管理方法の設定の適正化 ……………………………201
10．都心居住必要層への住宅供給……………………………202

《不動産取引制度との関連で》

11．新・不動産評価システムの確立 ………………………204
12．不動産評価にもとづいた税・融資制度 ………………204
13．情報開示による不動産取引制度と住宅購入前検査制度………206
14．不動産取引の専門家職能の確立 ………………………206
15．プロパティマネージャーの育成 ………………………207

《新・不動産制度の検討》

16．良好なプロジェクトを誘引するための事業性の向上策………209
17．多様な事業主体が参画できる環境づくり ……………209
18．新所有形態の検討……………………………………209
19．新建物利用権の検討 …………………………………211
20．コンバージョンが示唆する不動産制度の再編
　　――居住政策・都市計画との連携のなかで ……………211

I

サスティナブル社会のコンバージョン

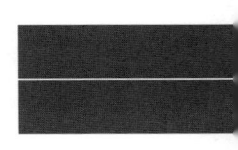

1 ───── コンバージョンへと動かすもの

丸山 英気

1 コンバージョンとは

　地域の経済が元気でなくなり、事務所用ビルの需要が減少している。また、超高層ビルが建築されて有利な条件で賃借人を集めている。このためか、賃借人の賃貸ビルからの撤退が始まり、空室が発生しつつある。こういう状況で、地域が都心ないし駅前だということで、建物所有者が居住用に建物を転換（コンバート）するのが、いわゆるコンバージョンである。コンバージョンの具体的例には、事務所ビルを居住用に転換するほかに、事務所ビルからホテルに転換するとか、ウィークリーマンションに転換するとか、もある。また、企業の研修所をホテルにするとか、企業の寮を賃貸用アパートにするものもある。変わった転換では、倉庫を分譲マンションにする、工場を事務所にする、病院を分譲マンションにするものもある。
　このように、コンバージョンは、建物を取り壊さないで、建物に手を加えて利用するものである。
　非居住用から居住用に転換するものが典型だが、逆に居住用から非居住用もある。
　また、従来の所有者がそのままで別の用途に転換するものと、所有者の交替

をともないつつ転換するものがある。

　さらに、コンバージョンには、1棟全体の用途を転換するもの(全部コンバージョン)と、たとえば2階以上を居住用に転換するもの(部分コンバージョン)がある。

　わが国でのコンバージョンの現状からすると、非居住用から居住用へ、従来の所有者のままで転換する、部分コンバージョンが典型ということができよう。論者によっては、後二者につき、従来の所有者から譲受けた者(企業)が業として継続的に行い、しかもそれを1棟単位で行うものが原則で、そうでないものはコンバージョンとはいいがたい(少なくとも、変形である)とする。たしかに恒常的にコンバージョンが起こっているアメリカ、ヨーロッパ、オーストラリアなどではそうかもしれないが、わが国でのコンバージョンを考えるとき、やや時期尚早といわざるをえない。わが国でのコンバージョンの課題は、このような芽をどう植えつけ、成長させ、建物につきサスティナブルなコンバージョン社会とするかである。成熟した社会では、既存の建物を生きながらえさせることが常識とならなくてはならない。したがって、わが国での典型をどう先進国型に動かしていくかが考えられなくてはならない。

2　部分コンバージョン

　たとえば、建物の1階だけの利用を転換するのが、部分コンバージョンである。

　わが国の現状では、自然発生的な部分コンバージョンが多い。部分コンバージョンがなされるのは、利用転換にはリスクを伴うからである。このリスクには、金銭上のそれがあるのは当然だが、法律上のリスクもあることに注意すべきである。

　居住用建物とするためには、最低限、法律上の要請を満たさなくてはならない。この場合、部分コンバージョンでは建築基準法に則って確認を申請するなどは無視されることがあるのではないか、と推察される。このことは、建築公

法がしばしば破られており、ザル法などと悪口をいわれている現状からみると、コンバージョンだけで問題となるわけではない。

　しかし、先の例でみられるように、建物の一部である1階を売却するとか、2階以上に抵当権を設定するとか、では登記を伴うので、区分所有法に則って壁の設置などが義務づけられよう（区分所有法1条）。また、建物所有のための敷地利用権が借地では、土地所有者の同意を求めることが民法や借地借家法の原則から要請されよう。建物を譲渡したり改装したりすると、土地賃貸人の同意がなければ土地賃貸借が解除されて関係者の利益を破壊する（民法612条、借地借家法17条参照）。この意味で、建築に関係した私法は無視できない。

　ストック重視が恒常的になされていくような社会では、全体コンバージョンが一般となることが求められる。まちの景観を考えても、部分コンバージョンより全体コンバージョンが望ましい。また、建物の管理を考えても、非居住用と居住用建物が共存する場合は困難を伴う。アメリカ、ヨーロッパそしてオーストラリアなどでコンバージョンといわれているのは、全体コンバージョンである。

　全体コンバージョンが成立するかどうかは、建物が存立する地域性が重要である。立地のよいところでないと建物所有者は全体コンバージョンに踏み切らないであろう。また建物所有者に信頼があるか、資力があるかも問題となろう。転換後の賃借人が現れるか否かがかかっているからである。

　全体コンバージョン化には、地域の意思といったものの存在も不可欠である。この場合、自治体の意思が重要となる。また、それをささえる国の意思のあり方も問題となる。

3　コンバージョン意識

　コンバージョンは、本来、建物を使い切るという伝統のある地域で盛んである。このような地域では、新築建物より生き残ってきた建物によさを見出し、そのためふるい建物のほうが評価が高くなる。家賃や取引価格も新築建物より

高価格だといわれている。この代表はロンドンである。

　このような地域では、ふるくなった建物を生きながらえさせる技術が育っており、その質も高い。リフォーム技能者も高く評価されている。建築業者はリフォーム業者といってもよい。それだけではない。ふるい建物は建築された時代そのままに復元されるだけではなく、部分的には現在の生活に合わせて変化させている。建物のすべての部分が100年前の状況であるなら、ひとは住み続けることができない。一般に、ふるい建物に手を加えて利用しやすくすることを改修とよんでいる。このような改修は、イギリスだけでなくヨーロッパ全体で盛んである。

　コンバージョンは、この改修の文化の盛んなところで人気があり、深く根づいている。建物だけでなく、ふるいもの全般に価値を見出すところ（こっとうの盛んな地域など）で出現し、生きながらえていく。ひとびとがふるい建物やその雰囲気に価値を見出すことができないならば、改修やその延長線上にあるコンバージョンは生き残れないであろう。

　わが国では、建物については新築が尊重され、施設・設備は新しいものが人気がある。このような意識があるためか、中古建物の取引は盛況とはいえない。また制度面でも、ふるい建物の取引に政策的助力（たとえば税制）が少ない。

　このことは、建替えか、改修か、という現在マンションが当面している問題とも結びつく。わが区分所有法は昭和58年の改正で建替え規定を導入し、平成14年の改正で特別多数決のみで建替えができるとする（区分所有法62条）、比較法的にみると、かなり思い切った変革を行った（他の国で建替えの規定を置いているところは、筆者の知るかぎりない）。これに対して、区分所有法で改修に関する規定はいまだに存しないのである。経済的効果からすると、建替えの方が大きいから経済の発展に適合的ではあり、また建替え以外に建物の再生をはかりえないこともあるとはいえ、やや一方的だといわざるをえない。可能なかぎり既存の建物を利用しつくす姿勢が、高齢者が多数存する社会では必要であろう。

4 コンバージョンはなぜ起こるか

　コンバージョンはなぜ生ずるか。この現象が生ずるのは、一方で建物所有者（仕組む側）に、他方で利用者の双方に原因がある。
　建物が利用されない原因は、まず利用者の需要の変化がある。それに対応して建物所有者が利用者の希望を満たすことができないという状況が生ずる。利用者がITなど高度の情報処理施設を望んでいるが、所有者がそれに資金不足などから対応できない。管理が悪くて建物の雰囲気が悪い。家賃が高過ぎて利用者に嫌気が出てきている。家賃を下げれば、利用者もあるだろうが、建物建設の際、金融機関から借金をしており、返済のために値下げがむずかしい。これらは、建物所有者に原因がある。
　利用者は建物の周辺に顧客をもつことを望んでいるが、都市の中心部が移動してしまって顧客もまた移動してしまっている。超高層ビルができて有利な条件で賃借人を募集しており、賃借人がそれに応ずる。これらの場合は、建物所有者としてはどうしようもないことであろう。
　このような状況で、建物所有者は建物の利用目的を転換しようとする。
　建物所有者が望んでも転換した建物を現実に利用できるひとがいなくてはコンバージョンは起こりえない。そのポイントは賃借人の動向である。
　コンバージョンが生ずる地域は、都心ないしそれに接した地域、ターミナル駅の周辺とそれに準ずる地域である。交通の便がよく、都市的施設の整ったところといえよう。このような地域は一般には住宅が多くなく、あってもかなり高価で取得がむずかしく、また借家でも家賃が高いのが従来の傾向であった。
　しかし、このような地域に居住したいと考える層は、従来からもあったし、今後も増加するであろう。従来からの需要層であるその地域でないと仕事が成立しないひとたちのほかに、最近ではつぎの層が加わりつつある。まず収入も多く、余暇も楽しみたい層がある。従来は郊外に居住していた、弁護士、医師、芸能人、企業経営層がそれである。ついで最近では、定年後の高齢者層も夫婦

で都心の生活を楽しみたいと思っているひとたちが増加している。これらの層はコンバージョンの受益者となりそうである。

　もっとも、このような層に対して、最近では都心マンションが合理的な価格で提供されるようになってきている。建物の広さ、安さ、場所で新築マンションよりすぐれたものをコンバージョンで提供できれば、コンバージョンは成功するであろう。

　コンバージョンは、都心分譲マンションとの競争関係にたつ。地価の下落で都心マンションの価格が相対的に安くなり、また、高齢者層はそれほどの広さを必要としないことは、コンバージョンに有利とはいえない。コンバージョンによる住宅がより安く提供できれば可能性が増大しよう。

　ところで、コンバージョンは、以前から行われていた。たとえば、居住地域で住宅を学習塾や弁護士事務所として利用するとか、工場として利用する、などである。これも、コンバージョンのひとつの形態である。しかし従来、この形態がコンバージョンとして論じられることはなかった。わずかに、マンションにおいて規約で居住目的に建物利用が限定されているとき、業務目的へと用途を転換することが認められるかが論じられていた。

　住宅を業務用として利用することは、利用転換のひとつであるが、これはあまりにも一般的であり、人目を集めなかった（バブルの時期の都心をみよ）。現在のコンバージョンは逆で、従来そうみられなかったことと、何より業務用空間の過剰感が問題視されることになったのであろう。

5　コンバージョンの担い手

　コンバージョンをするかどうかは、何よりも建物所有者の意思にかかっている。ここでいう所有者は、現在の所有者とそれからの譲受人の双方が含まれる。所有者はコンバージョン費用（改装費など）がどの位かかり、それが回収できるだろうかを考えるであろう。転換費用をどのように調達するか。銀行から借りるか、別の方式をとるか。調達できるとすると、新しい賃借人の賃料はいくら

となるか。空室の心配はないだろうか。転換するとき、土地賃貸人、借家人、抵当権者の利害と対立しないだろうか。補助金は出るであろうか。転換するとき、消防署、建築担当部局の許認可はいるだろうか。

　現在のコンバージョンは、建物所有者の生き残り策としての側面が強い。そこで、意思決定もこれらの者にかかっている。

　コンバージョンが国や自治体の政策としての認知度が高まれば、所有者以外も乗り出してくるであろう。たとえば、不動産業者が建物を賃借して第三者に転貸するとか（サブリース）、すすんで建物の所有権を取得して第三者に賃貸することも起こるであろう。

　コンバージョン物件を利用したい賃借人は、立地がよく、賃料が合理的で、建物自体がよいことを望むであろう。最後の建物自体がよいとは、建物に瑕疵がないことは当然であるとして、居心地がよいことも重要である。その点から、建物の評価がかっちり行われる体制がつくられる必要がある。中古建物の流通市場が大きくならないのは、消費者の不安がある。わるい建物をつかまされるのではないか、という不動産取引業者への不信が根底にあるのではないか。建物の物理的評価、法律的評価、金銭的評価が十分でなかった。一定の金額の負担をしても、これらの評価が信用できれば、中古取引が活況を呈し、そのひとつの領域であるコンバージョンも需要層が増加しよう。ふるい建物への信頼が確立すれば、建築業の中心は開発ではなくリフォームとなろう。そして、媒介、管理とともに土地建物に関連する最も活力ある業務となる。

　コンバージョンを発展させる担い手で重要なのは、金融である。銀行などの金融機関は、新築にはローンをつけるが、コンバージョンへのローンは及び腰である。コンバージョンの現況が部分コンバージョンで建物所有者の生き残り策としてしかみられていないのでやむをえないが、コンバージョン自体は将来性のある方策である。新築や建替えは現在の建物所有層である比較的年齢の高い層がちゅうちょを感じる一方、高額な投資をしないでも建物が維持でき、賃借人も集まるとなれば、市場は大きくなっていこう。また、コンバージョン建物を利用し、それを仕組む企業が今後かなり出てこよう。そのため、コンバージョ

ン自体が建物の価値をどれだけ増大させるかの算定の開発が求められている（鑑定論）。また、コンバージョンの金融的仕組みの開発が緊急に要請されており、そのための法律論や税務論の開発が急がれなくてはならない。

6 コンバージョンと自治体

　コンバージョンの成否を握っているのは、第一義的には、所有者である。そしてその決断の後おしをするのは、自治体である。コンバージョンの成否は、地域の政策決定者である自治体が握っている。業務用ビルから賃借人が撤退しようとしているとき、地域をどうしようとしているのか。活性化のために規制緩和をしようとしているのか（コンバージョン促進には容積率の緩和は有効）、改装につき補助金をつけようとしているのか。コンバージョンを個々の建物所有者の意思にかかわらせておくと、自然発生的な望ましくない状況が出てくる。建物の一部分を売却し、１棟内で利用目的が異なるとき、建物自体の状態や価値が下がるだけでなく、地域の状態や価値も下がってくる。この場合、地域の建物所有者や利用者の意向も重要だが、規制と誘導の権限をもつ自治体の姿勢が決定的である。

　ふるい建物を生かしつつ、地域を活性化させるか、それとも建物を取り壊して再開発するか、が自治体に問われるであろう。この意味で、アメリカ、ヨーロッパ、オーストラリアなどのコンバージョン先進地域の自治体の政策が参考となる。

7 コンバージョンと地域規制

　わが国の従来の都市計画法や建築基準法などの建築公法では、地域地区などでみられるように、地域を可能なかぎり純化しようとしてきた。しかも、地域でできない業種を列挙するという方式をとっているため、できないと列挙されている業種がはいることが批判されてきた。異質の業種が居住地域にはいって

くると、住民団体が旗を立てて反対する。これも、地域を純化しようという思想の反映であろう。もっとも、反対運動でも目をそむけるものがある。老人ホームなどの建設が発表されると、地域住民と称するひとたちが地価が下落するといって反対するものなどがそれである。

　また、1棟の建物でも異なった利用目的が併存することは、さまざまな領域で対立を生み、管理をむずかしくすることから、純化することが望ましいとされてきた。これなども、管理の仕組みを工夫することで解決できないわけではないように思われる。管理組合方式でなく、プロの管理者が管理することによってである。

　しかし最近、都心区などで人口減が起こり、あわてた自治体が若い夫婦の居住費を補助するなどして誘致に乗りだすようになった。また、一般の風潮も、都市施設・設備が備っている都心を過疎地域にすることは資源のむだであり、安全面からも感心できないとの意見が強くなってきている。ここにきてようやく、地域の純化政策への批判がでてきたといえよう。

　もっとも、純化政策を批判するだけではだめで、混合政策には問題もあるのだから、その解決方策も合わせて提案しないと解決にはならない。

　この視点から、先進都市を眺めると、厳格な地域純化政策をとっているところは多くないようにみえる。少なくとも、都心やそれに準ずる地域を非居住地域とはしていない。むしろ、居住と業務がかなりのところで混在している。経済の変化に応じて、それがよいときには業務用の建物が増え、よくないときは居住用に建物が変化している。都市が生きているかぎり、このような変化は、今後もみられるであろう。

　混合地域では、1棟の建物の管理のあり方を規約などを通してルール化すると同時に、少なくとも街区レベルのルールも条例・地区計画などを通してルール化するみちを探る必要がある。

2 ── サスティナブル社会と都市居住

齊藤 広子

1 サスティナブル社会をどうとらえるか

(1) サスティナブル社会に求められること

　サスティナブル・コンバージョンとは、サスティナブルな社会を実現するための、建物のコンバージョンという意味で命名した。ゆえに、ここでサスティナブル社会をどうとらえるかをまず説明する必要がある。

　循環型社会とも訳されるサスティナブル社会とは、物理的な側面だけでなく、経済的、社会的な側面からも、快適な居住を実現する社会を意味する。つまり、社会全体として環境にやさしい仕組みを持っていることである。

　そこでは、環境への負荷を少なくし、持続的発展が可能な社会を構築するために、第一の課題として、人間活動からの環境負荷の排出は、環境の自浄能力の範囲内にとどめ、生態系の機能を維持できる範囲内で行うことがある。第二の課題として、再生可能な資源は、長期的再生産が可能な範囲で利用することである。これは、物の再利用・再使用であり、省資源・循環を意味する。

　さらに、これからより一層重要となるのは、これらの第一、第二の課題を実現可能とするため、もの（建物）、ひと（住み手・所有者・経営者）、しゃかい（地

域社会)の相互関係をつくりあげることである。これが第三の課題である。さらには、こうした相互関係が、効率的、機能的、合理的、経済的、安定的に維持できる社会システムを構築すること、これが第四の課題である。

　第一～第四の課題は独立したものではない。むしろ、第一と第二の課題を実現するための、ひとともののの関係、ものとしゃかいの関係をどうつくるのかが第三の課題であり、それを維持する社会システムをどうつくるのかが第四の課題である。

(2) サスティナブル社会の建築への期待

　サスティナブル社会で建築にどのような課題があるのか。また、それが建物コンバージョンとどのように関係があるのか。以上の四つの課題から、建物のコンバージョンを考えてみよう。

　第一の課題は、環境負荷の排出をできるだけ避けるということである。建物のコンバージョンとは、空き家の進行した建物を、時代にあった、立地にあった用途に変更し、建物を利用しつづける行為である。このことは、空家を解消するために新しい建物に建て替え、そのための既存建築物の解体工事、新規建築物の建築工事を回避する点で課題に対応することになる。

　第二の課題は、再利用・再使用による物の循環の実現である。建物の用途コンバージョンは、建物の形や用途を変えての再利用・再使用であり、第二の課題にも応えることになる。

　第一の側面と第二の側面は、矛盾するようにみえるかもしれないが、これは建物をスケルトンとインフィルにわけることで二課題の矛盾はなくなる。つまり、スケルトン部分を長命化させ、インフィル部分を社会的な状況、利用者の状況、経営事情に応じて変化させる。それで、スケルトン部分は、長命化し、建物の用途等が変わっても再利用されつづけることになる。

　ここまでは、建築の技術的な分野である。しかし、真の意味でのサスティナブル社会は、これを容易に実現できる体制をもっていることである。関係者それぞれが主体性・自主性をもち、それに見合う行動をとる。社会的にそれらの

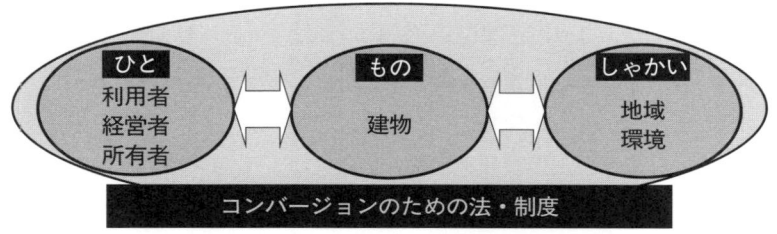

　行動が、安定した居住環境・良好な都市環境、そして、不動産経営の改善へとつながらなくてはならない。これが第三の課題である。建物のコンバージョンにより、空間がより快適性・利便性の高いものへと変化し、かつ利用者の自己実現可能な利用空間の創出、さらには経営・事業性の改善、都市経営・環境の改善へと結びつくものでなければならない。こうした関係者が相互に質を向上できる仕組みであるからこそ、持続性をもつことができる。

　利用者からみれば、利便性の高い居住空間の提供が促進されれば、都心居住も容易になる。経営者からみれば、経営性の改善である。つかないテナントをいくら待ちつづけても仕方がない。不動産立地のミスマッチは、賃料の引き下げで対応できる域を越えている。地域にとってみれば、空家の継続は地域の衰退にもなる。建物の用途コンバージョンは、衰退した中心市街地の活性化、都心居住の推進による活性化、建物保存による景観保護など、都市景観・都市経営にも寄与するものとなる。

　第四の課題は、それを支援する社会的制度・法の問題である。わが国では、従来から「土地」「新築」重視の建築・不動産制度であり、建物はビルディングタイプ別につくられ、法制度も用途が固定的であることが想定されている。そのなかで、建物のコンバージョンを実現しようとすると様々な問題・課題が生じている。この仕組みの再編が求められる。その点はⅡで詳細に述べる。

2　コンバージョン住宅は住みやすいか
―― 安全で安心し、安定した居住が可能か

　上記、第一や第二の課題は建築的技術として対応するべきことであり、我々に課されているのは第三の課題、第四の課題をどのように実現していくのかである。まず、第三の課題を考える上で、二つの側面から考えたい。それは、住宅がもつ基本的な二つの側面、居住性と財産性の側面である。つまり、住宅という不動産は、居住の場であるとともに、所有の対象であり、財産であり、経営の対象でもある。ゆえに、この二つの側面から課題を考え（Ⅰの2、3）、それらを踏まえ、第四の課題を解明していく（Ⅱ）。Ⅰの2では、居住の側面からの検討を行う。

(1)　建物のコンバージョン

　ここで、改めて、コンバージョンの定義を行いたい。
　コンバージョンを狭義にとらえる方法もあるが、まずは建築物の「用途」または「所有形態」の変更と広義にとらえたい。なぜならば、コンバージョンとは、建物ストックの維持・循環手法であり、それは建築物の用途と所有形態の変更の可逆的な組み合わせによって実現できる。現実にはこれらの連携により、快適な利用環境を創出すること、不動産経営的にみて事業性を維持・向上させること、社会的に都市環境・都市経営の改善に寄与すること、以上三つの目的を実現することが可能となるからである。
　現在、コンバージョンは市場に委ねられ、わが国でもいくつかの事例が既に登場している。用途のコンバージョン、所有形態のコンバージョン、それぞれみられるが、ここでは、現在の不動産市場が生みだしている非居住用建物から居住用建物へのコンバージョン、主に事務所ビルから住宅へのコンバージョンを中心に考えることにする。

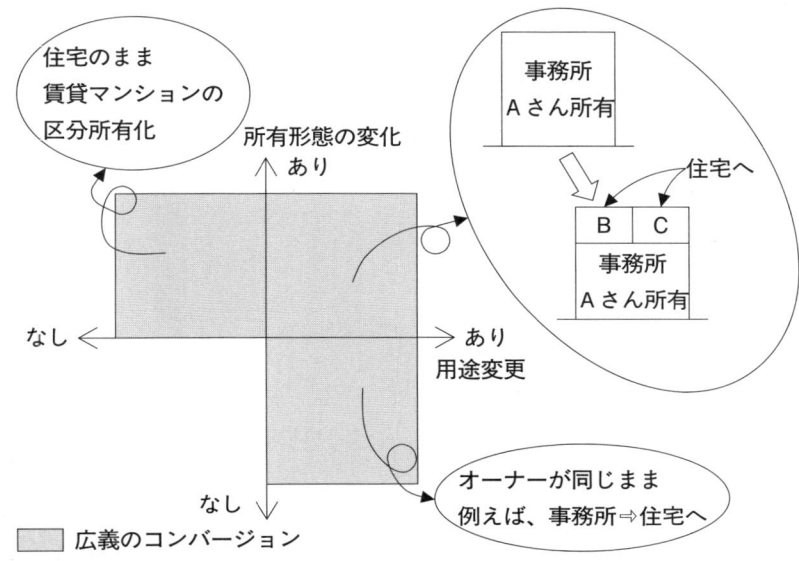

(2) 建物の用途コンバージョンパターンとその背景

　わが国で非居住用建物から居住用建物へと既に実施された用途コンバージョンには、大きく5パターンがある（図表Ⅰ-2-1）。建物全体で行う場合（全体コンバージョン）と部分的に行う場合（部分コンバージョン）である。また、従後の建物は主として住宅であるが、従前建物が事務所である場合、社宅や寮である場合、さらに、コンバージョンに伴い、所有者の変更や所有形態の変更がある場合とない場合である。

(3) 居住の場として求められる基本的な居住環境

　現在の不動産・建築の法制度のもとで、どのようなコンバージョンが行われるのか、行われやすいのか、その場合にどのような居住上の課題があるのか、仮の住まいではなく、安定した居住の場、サスティナブルな居住を想定した場合の課題を提示する。

図表 I-2-1　わが国で行われている居住用建物への用途コンバージョン

パターン	1	2	3	4	5
対象空間	部　分		全　体		
従前用途→従後用途	事務所→住宅				寮・研修施設→高齢者施設・マンスリーマンション等
所有者の変更	なし	なし	（なし/）あり	あり	なし/あり
所有形態変更	なし	なし	なし	あり（区分所有化）	なし
コンバージョン物件経営者	所有者	管理者	管理者	購入者（管理組合）	管理者
事　例	千代田区・港区等の賃貸用所有者居住ビルの1フロアー	賃貸事務所ビル	主に単身者用賃貸マンション	都心部で1フロアー1住戸の分譲マンション	多数事例

① 安全性の高い居住空間

　居住環境として、利用者が第一に求めるものは安全性であろう。建物が災害に強いことは当然であるが、万が一の時には避難しやすいことも大切になる。つまり、人間の生命の安全性が一番となる。避難については、わが国では用途により基準が異なり、非居住用よりも居住用の建物が、厳しくなっている。ゆえに、非居住用から居住用への用途コンバージョンは、現実にはハードルが高くなる（ハードルの高さで建築基準法に関するものはIIの2）。いかに安全性を確保するかは大きな課題である。現実のコンバージョン物件には、このハードルが厳しいため、法の目をくぐったものすらみられる。

防犯に対しては、非居住用ではあまり考慮されないが、居住用では重要な側面となる（たとえば**図表Ⅰ-2-2**に示すように警察庁と国土交通省から示された「共同住宅に係る防犯上の留意事項」および「防犯に配慮した共同住宅の設計指針」などがある）。こうして、防犯上、人や機械による出入り口管理が必要となり、それが可能となる建物形態・設備の設置などが必要となる。

図表Ⅰ-2-2　共同住宅に係る防犯上の留意事項の主な内容（共用部分）

(1) 共用出入口
　ア　周囲からの見通しが確保された位置等にあること。
　イ　共用玄関は、各住戸と通話可能なインターホンとこれに連動した電気錠を有した玄関扉によるオートロックシステムが導入されたものであることが望ましい。
　ウ　オートロックシステムが導入されている場合には、共用玄関以外の共用出入口は、扉が設置され、当該扉は自動施錠機能付き錠が設置されたものであること。
　エ　共用玄関は、人の顔、行動を明確に識別できる程度以上の照度が確保されたものであること。
(2) 管理人室
　共用玄関、共用メールコーナー（宅配ボックスを含む。以下同じ。）及びエレベーターホールを見通せる位置、又はこれらに近接した位置にあること。
(3) 共用メールコーナー
　ア　共用玄関付近からの見通しが確保された位置等にあること。
　イ　人の顔、行動を明確に識別できる程度以上の照度が確保されたものであること。
(4) エレベーターホール
　ア　共用玄関付近からの見通しが確保された位置等にあること。
　イ　人の顔、行動を明確に識別できる程度以上の照度が確保されたものであること。
(5) エレベーター
　ア　かご内に防犯カメラが設置されたものであることが望ましい。
　イ　非常の場合において、押しボタン等によりかご内から外部に連絡又は吹鳴

する装置が設置されたものであること。
　　ウ　かご及び昇降路の出入口の戸は外部からかご内を見通せる窓が設置されたものであること。
　　エ　かご内は人の顔、行動を明確に識別できる程度以上の照度が確保されたものであること。
(6)　共用廊下・共用階段
　　ア　周囲からの見通しが確保された構造等を有するものであることが望ましい。
　　イ　人の顔、行動を識別できる程度以上の照度が確保されたものであること。
　　ウ　共用階段は、共用廊下等に開放された形態であることが望ましい。
(7)　自転車置場・オートバイ置場
　　ア　周囲からの見通しが確保された構造等を有するものであること。
　　イ　チェーン用バーラックの設置等盗難防止に有効な措置が講じられたものであること。
　　ウ　人の行動を視認できる程度以上の照度が確保されたものであること。
(8)　駐車場・歩道・車道等の通路・児童遊園、広場又は緑地等
　　ア　周囲からの見通しが確保された構造等を有するものであること。
　　イ　人の行動を視認できる程度以上の照度が確保されたものであること。

　（注１）　「人の顔、行動を明確に識別できる程度以上の照度」とは、10メートル先の人の顔、行動が明確に識別でき、誰であるかが明確にわかる程度以上の照度をいい、平均水平面照度（床面又は地面における平均照度。以下同じ。）が概ね50ルクス以上のものをいう。
　（注２）　「人の顔、行動を識別できる程度以上の照度」とは、10メートル先の人の顔、行動が識別でき、誰であるかがわかる程度以上の照度をいい、平均水平面照度が概ね20ルクス以上のものをいう。
　（注３）　「人の行動を視認できる程度以上の照度」とは、４メートル先の人の挙動、姿勢等が識別できる程度以上の照度をいい、平均水平面照度が概ね３ルクス以上のものをいう。

② 　快適性の高い居住空間

　オフィスビルを用途コンバージョンしての住宅は、「共同住宅」となる。ここは、多くの人々が一つの建物に隣り合って暮らす、共同生活を行う場となる。

ゆえに、近隣間の調整、具体的には近隣音の予防等が必要となる。

　特に、一つの建物で用途混在となる場合の問題がある。1棟ごとのコンバージョンでない場合、たとえば、オフィスビルを部分的に単身者向けの居住施設にすることがある。バブル経済時代に建設した賃貸用オフィスビル等で立地のミスマッチから空き家化が進行し、事業性が大きく低下する。売却しても借金が残り、追加投資も容易でない。そのため大規模な改修工事ができない。また大規模建物に建て替えるだけの間口や道路接道に恵まれた敷地形状ではない。さらに相続問題がある、借家人が存在する等の理由で、建替えへと進めない。そこで、事業性を改善しようと空きスペースの部分コンバージョンを行う。一つの建物で居住用と非居住用がミックスされ、防犯性・快適性ともに決して良好とはいえない。そのため、用途混在による快適性の阻害を予防することが必要である。

　また、部分コンバージョンは、空き室ごとに工事実施が行われるが、工事実施には近隣利用者の承諾が特に必要とされないことから、近隣利用者の意思に反したものとなる可能性もあり、工事のルールを設定することが必要となる。

●用途混在による問題
　基本的に異なる利用上の要求をもつ者が一つの建物に存在すると、利用面・管理面でトラブルとなりやすい。立体に用途が分離されている場合（たとえば、1階に店舗があり、2階以上が住宅の場合）でも、非居住用利用専有部分から発生する臭い、音、振動、ゴミ、見知らぬ人の出入り、訪ねてくる人の路上駐車・自転車駐車、共用部分への物の放置や看板・広告の設置などが問題となる。特にそれらの問題は、立体に分離されていない場合には深刻となり、異なる用途の人・車・自転車・荷物搬入の動線の整理が必要となり、衛生面の確保とともに、管理上は管理費・修繕積立金の負担、営業の種目・時間・条件の設定、議決権割合・集会の持ち方を考慮し、設定する必要がある。

③　保健性の高い居住空間

居住の場としては、保健性も重要になる。埃や振動、悪臭がない、また日照、通風、採光などが求められる。たとえば、日照に関しては、日照時間が短いほどうつ状態が多く発生することや、健康に良くない影響を与えることなどが指摘されている。こうした側面は、人間が居住する上で基本的に求められる。

しかしながら、コンバージョン住宅では、当初から居住用として想定されていないために、こうした保健性の高い居住環境を自然環境から取り入れることが難しいことが多い。しかし、安定した居住の場とするには必要な側面であり、現実には窓を大きくするなどの取り組みが見られている。

④ 利便性の高い居住空間

コンバージョン住宅の利便性は、たとえば、生活に必要な施設が近隣にあるのかといった側面も大きいが、住宅の中に居住上、必要な施設が整っているかも重要になる。

1棟ごとの全体コンバージョンでも、部分コンバージョンでも、ともに共同住宅になれば共用施設が必要となる。エレベーター、駐車場・駐輪場、集会所、ゴミ置き場など。快適に暮らすには、こうした施設が整備されていることが前提となる。そのため、マンションの建設に伴い、マンション居住者の利用・生活のため、また地域近隣に与える影響等を考慮し、行政により宅地開発指導要綱や中高層建築物指導要綱等で開発時の指導が行われている。その内容はマンションに関しては概ね、ワンルームマンションや共用施設の整備に関するものが多いが、これらは新築時を想定しているため、用途コンバージョン建物では、この規定に合致することが難しい。そのため、自転車置場や駐車場がない、スロープがないなど、現在の基準からすれば不適格となるケースがある。

図表Ⅰ-2-3　中高層建築物指導要綱の項目事例

1．事前協議：事前協議書を地方公共団体に提出。説明会等により近隣に説明する。
2．緑とオープンスペースの確保：緑地の確保は敷地面積の3％以上。外構は生

垣に。既存樹林は残す。
3．周辺環境との調和：隣地境界線より50cm以上後退など。
4．生活環境施設の整備改善：自転車整備率、自動車整備率。集会所は100戸以上には設置する。
5．居住水準の確保：1Kは20㎡、1DKは29㎡、天井は2.3m以上。
6．安全性・防災上の向上：落下防止など。
7．近隣への配慮：プライバシーの保護など。
8．管理的事項：管理人室の設置。50戸以上は常任管理人を設置すること。

⑤　経済性の高い居住空間

　居住空間の管理が経済的、効率的に行われることも重要である。たとえば、オフィスビルの場合は、冷暖房は建物ごと、フロアー単位で行われても、住宅では家計費からの支出を考えると、個別部屋ごとの冷暖房が求められる。共用部分に関しても、管理費をできるだけ節約したいと考える。一般的にマンションの管理費は、エレベーターの保守点検費や、管理人の人件費、管理会社への委託費などが多くを占める。また、オフィスビルとは違い、人の出入りが頻繁に行われるわけではない。こうした点を踏まえ、エレベーター台数の見直しを含めた設備の見直し、管理方法の設定が必要である。

(4)　サスティナブル社会の居住のために

　上記の居住の場として基本的な課題にあわせ、サスティナブルな社会における居住の場としての課題をまとめる。

① 　持続性(1)──24時間・365日対応

　住宅、居住の場は24時間、365日使用する場である。これが、オフィスビルなどと大きく異なる。そのため、設備の点検や修繕などを行うために、使用の制限や禁止は原則できないことになる。生活をしながら、利用しながらの建物メンテナンスが可能な仕組みが必要である。特に、建物を長期にわたり利用するサスティナブル社会では、設備の取り替えなどを含めた大規模な修繕を何度か

むかえることになる。これらの実施を、できるだけ生活に影響を与えないつくり方にしておくことが必要となる。

② **持続性(2) ── 安定した所有形態・管理方法**

　コンバージョンし、住宅となったもののうち、**図表Ⅰ-2-1**のパターン2・3は、賃貸住宅として経営され、パターン4は、分譲マンションとして供給される。コンバージョン住宅を分譲マンションとして居住者が購入する場合がある。

　《コンバージョン住宅を販売する・購入する》
　これは、新築マンションとなるのか、中古マンションとなるのか。この点については、税関係では明確な規定がない。融資関係でも同様に規定がない。
　分譲マンションとする場合に、コンバージョンを行う事業者が建物をいったん取得し、取得に伴う税を支払い、分譲を行う。この際、分譲には購入者にとって「融資」がついていることが重要な要素となるが、分譲開始の段階において登記との関係から、融資が可能であることを確定することが難しい現実がある。
　一方、購入者からすれば、新築マンションを購入するときのように、融資や税関係が有利とはならない。さらには、瑕疵担保の責任の問題がある。建物の物理的な質をどのように判断すればよいのか、瑕疵が発生した場合にどこまで誰に瑕疵担保を要求できるのか、不明瞭で不明確な点も多い。
　また、一般に区分所有マンションは、戸建て住宅よりも複雑な所有形態であり、かつ、一般消費者にはわかりにくい。コンバージョン住宅の場合は、その点がより難しくなる。区分所有建物の管理問題が生じた場合には、個人レベルでは解決が困難なものも多い。ゆえに、消費者保護の視点からの情報開示がより一層必要である。現状では、マンション分譲時における情報の非対称性がある。住宅などの不動産売買の際、契約成立までに不動産業者・仲介業者の宅地建物取引主任者が、購入者の意思決定に重要な影響を及ぼす項目について説明するが、その内容は制限的であり、素人にはわかりにくい。さらに多くの場合は契約直前に行われ、消費者はそれらの情報を踏まえ意思決定を行っているとはいいがたい。そのなかで、コンバージョンに伴う、建物の部分的な売却は、

大口所有者が存在する区分所有建物の管理問題を生み出しやすい。たとえば、大口所有者に有利な所有権や管理方法が設定される可能性もある。こうした点を踏まえ、民主的・合理的に行える管理方法の設定が必要である。

●コンバージョンに伴う、建物の一部の売却が生み出す課題 ── 一つの区分所有建物に大口所有者が存在する場合の管理・所有形態で多く見られる問題

① 不適切な専有部分と共用部分の設定
　本来、共用部分となるべきものが専有部分として設定されている場合がある。具体的には、ピロティ、管理人室、集会室、廊下、電気室、受付、駐車場が元所有者（元オーナー）の所有となっている。この場合には、これらの施設を居住者が持続的に使えない可能性がある。裁判事例でも、管理人室が専有部分として登記された場合に居住者からの訴えにより共用部分だと認めた判例がある。しかし実際、管理人室、駐車場、ピロティなどが共用部分か専有部分かをめぐる裁判事例は多々あるが、全てが共用部分と認められているわけではない。

② 土地の（持分）留保
　元所有者（元オーナー）が敷地を留保するケースがある。特に敷地の留保は将来にわたり収入源となる駐車場に多い。これは一般消費者が自分のマンションの敷地を把握することは難しいために、知らない間に建築確認敷地と登記敷地が不一致である、マンション敷地を元所有者が留保するケースが現実に見られる。その結果、駐車場の永続的な利用が不安定となり、かつ駐車場料金が組合会計に入らない、さらには既存不適格であるマンションもあり、増築や建替え等の更新時には大きな問題となる可能性がある。

③ 元所有者（元オーナー）による管理
　区分所有化されたマンションで元所有者（元オーナー）が当初から独占管理を行い、管理組合が実質的に機能していないケースが多い。区分所有者は長い間、元所有者に管理をまかせ、主体性が育ちにくくなり、区分所有者が様々な問題に気が付いたときには解決が困難な状態となっている。

③ 持続性(3) —— 住み手の参加

　利用者である「ひと」と「もの」との関係で、利用者が利用する空間に愛着をもつことは重要なことである。なぜならば、サスティナブル社会では利用者による主体的なマネジメントが必要となるからである。自らの居住する空間に関心を持ち、よくしていきたいと自主的に行動する。その態度が、「ひと」と「もの」の良好な関係、質向上のための相互作用を生み出すことになる。

　では、それを促進するにはどうすればよいのか。一つには、利用者のデザインへの参加がある。自らがデザインした住宅に居住することの意味は、「気に入った」「個性ある」「他にはない」住宅に住むだけではない。居住後の自主マネジメント意識の啓発作業でもある。

　建物の用途コンバージョンでは、スケルトンを残しながら、インフィル部分をつくる工事である。たとえば、オフィスビルのコンバージョンは、インフィル部分を利用者が設計できるというデザイン・プランの自由度の高い住宅の提供を可能とする。それは人々の住まいへの自己実現を可能とし、活力創造へとつながる。

　しかしながら、居住者自身がはたして空間をデザインできる能力をもっているのか。自己内に眠る・潜在する住要求を、形に置きかえる作業は簡単ではない。そこには、専門家の支援が必要であろう。

　また、それを支援するだけの法・制度が整っていない。建築確認制度の課題である。

　また、コンバージョン住宅に借りて住む、図表Ⅰ-2-1のパターン2・3の場合もある。この場合の、デザインへの住み手参加、つまりスケルトンを賃借し、自分でインフィルを設定することは現実には難しい。原状回復の問題がある。さらに、インフィル工事費の負担の問題がある。これらは登記もできず、担保力がないため、融資がつかない。専有部分や共用部分との修繕費の負担がわかりにくいなどの問題があり、現在は普及していない。

3　建物コンバージョンは何を物語っているのか

　現在の建築や不動産の法・制度のなかで、コンバージョンにより提供される住宅は、都心部ではワンルームマンションなど、利回りの良いものが多く、一般向けファミリータイプ住宅が生まれにくく、また違反建築を生み出しやすく、かつ居住上・管理上決して望ましい状況ではないケースが生まれやすい。それは、時代の変化、社会状況の変化に対応した建物の用途コンバージョンを推進する上で建築・不動産の法・制度がネックとなる、あるいは推進する体制が整っていないからである。つまり、コンバージョンが提示しているのは、循環型社会において、建物をリノベーション（改修）し、さらには用途コンバージョンを行いながら、ときには所有形態のコンバージョンを含め、建物を長持ちさせる社会に向けた建築や不動産制度の再編の必要性である。

　ここには、わが国の建築・不動産制度の二大問題が提示されている。

　第一の問題は、建物マネジメントの不在である。ここでいうマネジメントとは、建物を適正にメンテナンスし、施設の配置などを効率的に行うファシリティマネジメントを含み、かつ適正に効率的に経営をするプロパティマネジメントも含むものである。さらには、建物の原状維持が原則でなく、常に社会の変化の中で、形や用途も変化しつづける向上・改善型であるとともに、従来のオーナーベース型マネジメントから、社会的な資産としてマネジメントすることをさす。

　第二の問題は、都市の建築物がもつ社会性を踏まえた都市計画・都市経営・居住政策の不在である。建物が社会状況に応じて適正な用途に利用されるには、「土地」「新築」重視の建築・不動産体制や、建築物の「居住」「経営」「取引」「維持」「管理」活動の全てを個々の問題としてとらえる体制の改善が必要である。第二の問題は、いいかえると、建物マネジメントを円滑に行うための、社会体制が未整備・未確立の結果ともいえる。つまり、適正な建物マネジメントをするだけの社会的仕組み、ソーシャルマネジメントシステムの不在である。

4 サスティナブル社会で求められるサスティナブル・スペース・マネジメントシステム

　建物の用途コンバージョンや所有形態のコンバージョンは、特異な事例なのか。現在、注目されている建物の用途コンバージョンは、首都圏で2003年問題と呼ばれる既存ビルの空室率の増加（2003年1月現在で都心5区の空室率7.8%）や、これを受けたオフィスと住宅の賃料単価の逆転という事態から、不動産市場がつくりだした動きともいえる。ゆえに、一時期のものであるとも考えられる。また、**図表Ⅰ-2-1**のパターン3・4・5は、バブル経済時代の無理な投資による不動産の不良資産化や経営悪化により、企業が社宅や研修所を手放すことから生じているケースが多い。ゆえに、景気がまた回復すれば、自然に必要性は低下するとも考えられる。しかし、現実はそうでない。この現象はわが国の不動産市場が必要性を高くしている。しかし、現状では建築・不動産業界は、それに十分対応できる体制がない。その点について簡単に述べ、サスティナブルな社会でサスティナブルな居住のための課題を述べる。

(1) わが国の不動産市場・不動産業事情

　2003年問題から2010年問題が指摘されているが、住宅もオフィスも供給過多の状態である。そのなかで、新しいものが供給されると、古いものは市場で不利になる。そのため、適正な市場調査・マーケティングを行い、リノベーションやコンバージョンが必要となる。ところが、わが国の不動産は土地重視で、建物は軽視されてきた。ゆえに、適切な建物評価が確立していない。
　さらに、不動産所有者は「兼業」で、「小規模」な、「素人」であるケースが多く、追加投資も十分にできない状態も少なくない。その場合、所有者自らが市場を把握し、適切なコンバージョンの実施は容易ではない。そこで、こうした業務（市場分析、収支計算、リノベーションやコンバージョンの提案）をプロが行うことが求められるが、現状ではこれらの業務の多くが無料で実施されている。

つまり、不動産業界では、不動産取引にあたっての報酬は出すことがあっても、それに伴う知識や知恵の部分に報酬を出す慣習が定着していない。

また、新築ではない建物を取引することになれていないのも現状である。

時代の変化のなかで生きつづける建物となるように、建物のマネジメントが真の意味で求められている。

(2) わが国の建設業事情

リノベーションやコンバージョンを阻害しているのは、決して不動産業界だけではない。建築・建設業界でも同様である。建物の大規模修繕・改修技術・推進体制が整備されているとはいいがたい。コンバージョンやリノベーションでは、建物の診断、改修工事見積もり、改修工事の実施、そのための技術や推進体制は新築建築と異なるものが要求される。しかし、わが国ではそれらは発展途上段階である。

(3) 建物をデザインしつづけること ── マネジメントの必要性

上記の背景のもとで、いま、われわれは新たな認識を共有しなければならない。それは、建物は完成時が最もすばらしく、後は朽ちるばかりではない。完成時が新たなスタートである。それを担い、サスティナブルにつくりあげる仕組みがマネジメントである。いわば、マネジメントは、デザインの連続でもある。つまり、使い手や時代にあった、立地にあった建物につくりつづけることがマネジメントである。それは空間の変更をさすだけではない。空間と利用との対応関係をつくりつづける。空間側に問題があれば、空間を変更する。使い方に問題があれば、使い方を変更する。こうして、建物の居住性・経営性を常に質の高い状態へと導くための行為の連続である。これがサスティナブル・スペース・マネジメントである。建物を長期に利用することが前提につくられていないこともあるが、長期にマネジメントするだけの体制がないことも大きい。

建物コンバージョンは、不動産・建築の法制度を含め、市場・業界のメカニズムの再編の必要性を示唆しているのである。

3 サスティナブル社会の不動産経営

中城 康彦

1 サスティナブル社会の不動産 —— "不動産が変わる"

　サスティナブル社会は、関係する"ひと"——利用者（住み手）・所有者・経営者——が主体性・自主性を持って行う自己実現のための行動が、居住環境の安定や都市環境の維持改善、さらには経営の改善をもたらす、相互扶助の関係をベースとする社会である（上述Ⅰの2）。

　バブルの発生とその崩壊は、戦後わが国の社会経済システムの転換を示している。この間に神話の対象から一転して憎悪の対象になった不動産に対する過信と不信の振幅は大きいが、この振幅の中に、サスティナブル社会の不動産のあり方のヒントが内包されている。

(1) **不動産は利用するものである**

　高度経済成長期以降1991（平成3）年まで、わが国では土地価格はほぼ一貫して上昇し、土地はキャピタル・ゲインを得ることができる有利な資産であるとして「土地神話」が形成された。人口増加や経済成長による需要増大を背景に、土地の希少性が強調され、企業の信用力の源泉に資産、特に土地を保有していることが位置付けられた。企業は土地を保有することで事業資金の融資を受け

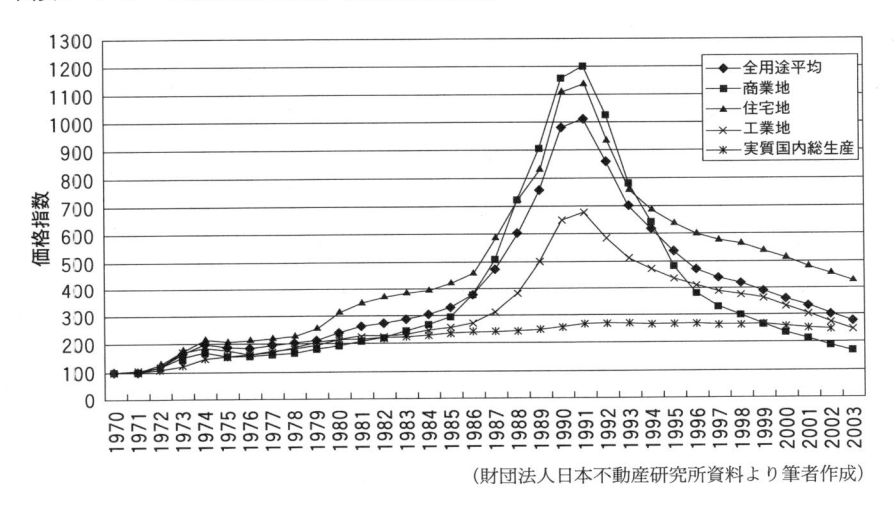

図表 I-3-1　不動産価格の変動（市街地価格指数）

（財団法人日本不動産研究所資料より筆者作成）

ることができ、そのことによって、一層の事業の拡大を図ることができた。まさに土地保有は事業拡大の鍵であった。個人の場合も同様に、土地の希少性を強く意識させられた結果、なるだけ早い時期になるだけ近郊の住宅地を購入しようとする行動をとった。「住宅双六」の言葉が示すとおり、個人の場合も土地取得が資産形成の鍵であったわけである。この意味で「土地本位」の社会構造があった。

　数字でみると、1970（昭和45）年3月の地価を100としてピークの1991（平成3）年3月の価格指数は1020（全用途平均）で、この間の平均変動率は11.7％の上昇であった。土地を保有しているだけで、毎年10％以上の含み益が得られたわけで、不動産はそれ自体優れた資産であった。不動産経営からいえば、事業企画内容に多少の不備や失敗があっても、地価上昇によってこれをカバーすることができた。とにかく、所有権を維持さえできれば、最終的には良い結果を得ることができたわけで、事業企画内容の不十分さが経営の破綻として顕在化しにくい構造であった。

　地価バブルが崩壊した1991（平成3）年に地価は反転し、その後現在にいたる

まで12年以上にわたり下落を続けている。2003(平成15)年3月の価格指数は275で、この間の平均変動率は10.2%の下落となっている。今度は、一転して、土地は保有しているだけでは、毎年10%以上も含み損を抱えるリスクの高い資産であると認識されるようになった。

長期に及ぶ地価の続落により、「土地神話」や「土地本位」な社会構造は崩壊したといってよい。サスティナブル社会は、土地それ自体が投機の対象となることはないシステムをもつ社会である。

(2) **不動産の価格は将来の予測である**

土地が、「保有するだけでキャピタル・ゲインを生む有利な資産」から「保有するだけではキャピタル・ロスを生じる危険な資産」へと変化したことにより、土地に対する考え方が所有を優先するものから利用を優先するものへと変化した。そして、この不動産に対する考え方の変化が不動産の価格概念を変化させ、不動産の価格を決定する際に重視する要因や評価手法の変化となって表われている。

図表Ⅰ-3-2　土地概念と評価手法の変化

土地概念	重視する要因	重視する価格	評価手法	視点・資料
所有優位	キャピタル・ゲイン	土地価格	取引事例比較法	過去的事実に関する事項
利用優位	インカム・ゲイン	土地・建物価格	収益還元法	将来的予測に関する事項

不動産の価格評価手法でみると、地価上昇期には、取引事例という周辺の不動産で起きた過去の事実にもとづいて価格査定する取引事例比較法が重視されていたが、今日では、賃料収入という対象不動産自体の将来予測にもとづいて価格査定する収益還元法が重視されるようになっている。このことは一方で、価格評価に必要となる資料を質量ともに激変させることとなり、これに対応できない不動産の価格を一層下落させることとなっている。

対象不動産の将来を適切に予測するために、現在までの使用履歴、維持修繕履歴は必須のデータとなっている。建築確認申請添付の図書が特定行政庁に5年程度しか保存されない現行制度を補完するシステムが必須である。

(3) 収益を生むのは建物である

不動産は土地と建物から構成される。土地の含みに期待する不動産経営であった地価上昇期には、土地の広さや形状が重要であった。極端にいえば、何も利用しなくても資産価値が上昇したが、地価下落期にあっては、有効に利用しないと資産価値が下落するだけでなく、固定資産税等の保有税がかかる負の資産となりかねない。地価下落期には、不動産は有効利用してキャッシュ・フローを生まなければ、保有する意味はない。

地価上昇期には、資産価値（元本）を主とし、賃料収入（果実）を従と考えたが、地価下落期には、果実が主となり、結果として元本に価値が発生する。主従逆転である。さらに、土地単独で得ることのできる収入には限度がある。青空駐車場としての賃貸収入や、定期借地権を設定することによる地代収入を考えることができるが、これらは、建物を建築して賃貸する場合に期待できる賃料収入と比較して圧倒的に少ない。1㎡あたりの土地価格が1,000万円などと表現されることがあるが、これは土地上に建物を建築して得られる建物賃貸収入をもとにしたものである。この際、土地は建物をささえる基盤でしかない。つまり、不動産の価格は建物が主となり、土地は従となる。

(4) 硬い建築物をしなやかに利用する──スペース・マネジメント

従来、土地価格は、更地が最も高いと考えられていた。更地であれば、自在に新築ビルを建築することができることがその理由であったが、この点も価値観の逆転がある。更地の場合は、建築設計、建築確認、建設工事、完了検査、テナント募集などを経ないとキャッシュ・フローを得ることができない。この手順がスケジュール通り進行するかは不明であるし、この間にも土地価格は下落する。また、テナントが確実に獲得できる保証もない。つまり、更地には多

図表 I-3-3　不動産概念の変容

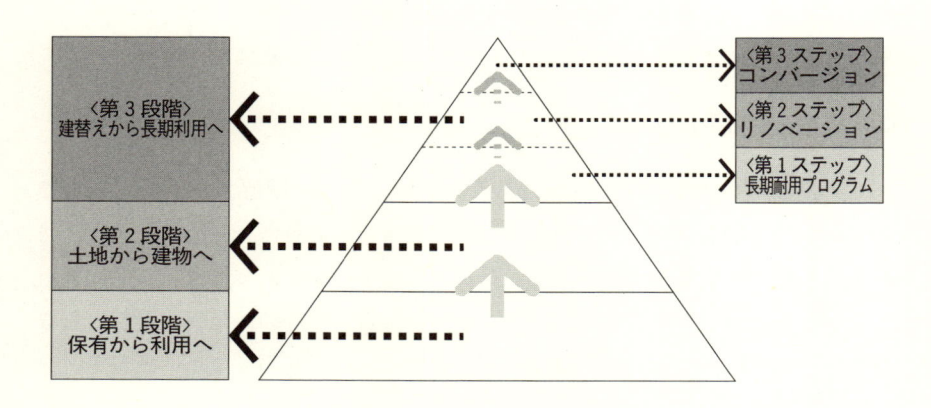

〈第3段階〉建替えから長期利用へ	〈第3ステップ〉コンバージョン
〈第2段階〉土地から建物へ	〈第2ステップ〉リノベーション
〈第1段階〉保有から利用へ	〈第1ステップ〉長期耐用プログラム

くのリスクがある。これに対して、建物が建っている場合は、確実に、そして即時にキャッシュ・フローを得ることができる。また、対象不動産の現状を詳細に調査することによって、そのリスクを定量化することも可能である。更地＋新築建物重視から既存建物重視へと考え方の変化がおきている。

一方、建物を長期に利用すると、その間に遭遇する社会の変化や需要の変質も多様となる。これに対応するには、建築物の構造自体は堅固なものとして長期の物理的耐用年数を確保する一方、建物運営は時代に合わせた、しなやかで可変的なものとして、長期の社会的耐用年数を達成する必要がある。永続するのは構造体によって確保される空間であり、これを運営するスペース・マネジメントが、サスティナブル社会の不動産経営の基本である。

コンバージョンは、社会の変化や需要の変質に建築物の用途や権利形態を事業性に裏打ちされた方法で対応させて、建築物の長期利用を図る方法で、建築、法律、経済、経営の成果を統合する、先進のスペース・マネジメントの一手法として、サスティナブル社会の不動産経営の有力な選択肢となるものである。

2 これからの不動産経営――"経営が変わる"

(1) 所有と経営を分離する――"もの"から"ひと"へ

　コンバージョンは、空間とそこに関与する主体――利用者・所有者・経営者――の関係を再構築することによって、これら主体の自己実現をはかる手法である。言い換えると、コンバージョンは、これら主体者の境界線の見直しでもある。

① ウィークリーマンションに用途変更した例

　図表Ⅰ-2-1のパターン3の一例として、事務所需要が膨張していたバブル期でも限界的な立地に建設した賃貸用事務所ビルで、需要の衰退とともに空室が長期化するようになり、その期間が2年を超えるに及び持久戦の限界に達し、所有者が専門家に相談を持ち込んだものがある。相談を受けた専門家は、不動産市場の需給状況からウィークリーマンションに用途変更することを提案し、自らその運営を請け負っている。ここでは、

　　所有者：自ら居住するとともに、店舗経営するためのビルの余剰部分で賃貸事務所経営を行っていた。"ついで"に不動産経営"でも"してみようと考えたわけで、所有の"ついで"の経営は当然に、素人経営であった。

　　利用者：商圏の狭い小規模事務所ビルに対して、インターネットで申し込むウィークリーマンションの商圏は格段に広い。広い商圏の利用者が施設を活性化させた。利用者には、一般の居住施設では利用者が購入し、所有する家具を経営者がリースで提供してくれる手軽さがある。

　　経営者：施設運営力のある専門家が、施設と広い商圏をつなぎ合わせた。経営（運営）を素人から専門家に移行させたことで、事業性を改善させた。

② 高齢者施設に用途変更した例

　図表 I-2-1 のパターン5の一例として、景気低迷の長期化によって遊休化した宿泊施設付の社員研修所を高齢者施設に用途変更したものがある。両施設は、宿泊のための専用部分とそれを補完する、食事、団欒、入浴などの共用部分の空間構成が類似するために、空間の用途変更はさほど困難ではない。一方で、この例のように、建築後30年も経過した建築物でテナントを募集したとしても、入居までこぎつけ、採算ベースにのせることは容易ではない。
　この例では、高齢者施設の運営会社が改修前の状態で一括借り上げ、改修工事費を負担するとともに、自ら施設運営を行うことで事業化し、築30年の建築物に新たな命を吹き込んでいる。

- 所有者：関連会社の遊休化し不要になった研修所を引き取ったものの、特殊な間取りであるために、テナントを見つけることは容易ではない。
- 利用者：一般の賃貸住宅では、新築と中古では家賃水準が異なる。"はこ"を提供する賃貸住宅では、"はこ"の設備水準や美しさ、綺麗さが評価軸となりがちであるが、高齢者施設の評価軸は、提供される"サービス"である。"サービス"を評価する利用者にとって"はこ"の綺麗さは二次的、三次的な問題にすぎない。評価軸の異なる利用者が施設を活性化させた。新しく綺麗な"はこ"の高くつくサービスよりも、手ごろでしたしみやすいサービスのほうがサスティナブルである。
- 経営者：関連会社の不要資産を引き取った所有者にかわって、施設運営力のある専門家が、自らリスクを負いながら、古い建物と廉価なサービスをつなぎ合わせた。

　上記の事例はいずれも、立地が悪い、老朽化しているなどの理由により、賃貸経営が不振となったビルを用途変更することにより活性化したものである。共通する点は、コンバージョンに伴って、素人による経営から専門家による経営に変更したことである。別の表現をすれば、"はこ"を提供することを優先す

図表 I-3-4　今までの不動産経営とこれからの不動産経営

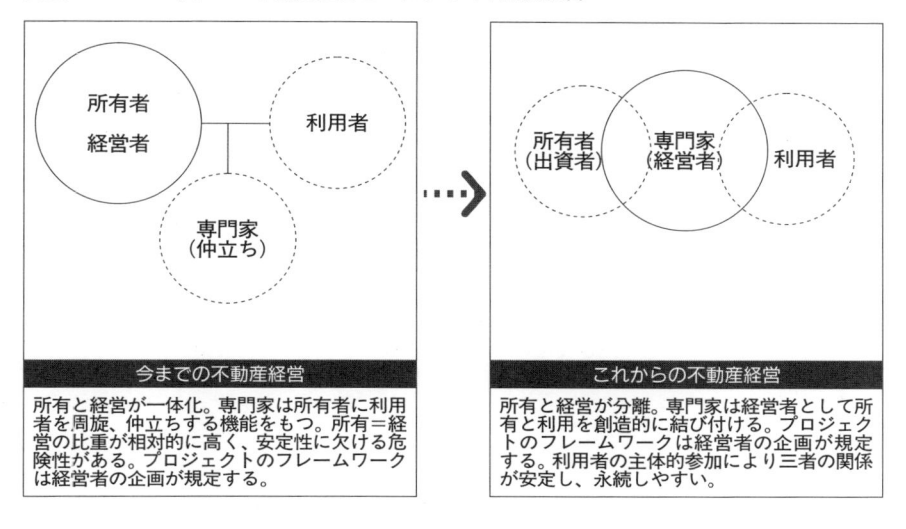

今までの不動産経営
所有と経営が一体化。専門家は所有者に利用者を周旋、仲立ちする機能をもつ。所有＝経営の比重が相対的に高く、安定性に欠ける危険性がある。プロジェクトのフレームワークは経営者の企画が規定する。

これからの不動産経営
所有と経営が分離。専門家は経営者として所有と利用を創造的に結び付ける。プロジェクトのフレームワークは経営者の企画が規定する。利用者の主体的参加により三者の関係が安定し、永続しやすい。

る不動産経営から、"サービス"を提供することを優先する経営への移行が活性化の鍵である。

サスティナブル社会では状況の変化に日々対応しつづけることが求められ、現場でのサービスを専門家の視点で恒常的に見直しつづけることのできる体制づくりが枢要である。

(2) 経営と利用を継続する──"ひと"から"もの"へ

① コンバージョンの事業成立性

図表 I-3-5 は、新築後14年が経過した、地下1階地上6階建て鉄骨鉄筋コンクリート造ビルの3階部分80.73㎡のコンバージョン例である。3階部分の床価格を約708,000千円と積算し、これに改修工事費20,000千円(248千円/㎡)を加えると基礎価格は約90,800千円となる。これに、期待利回り6％(必要諸経費を含む)を乗じると、月額の積算賃料は454千円で、賃料単価は5,624円/㎡ (18,592円/坪)である。

I──サスティナブル社会のコンバージョン

図表 I-3-5　コンバージョン住宅の例

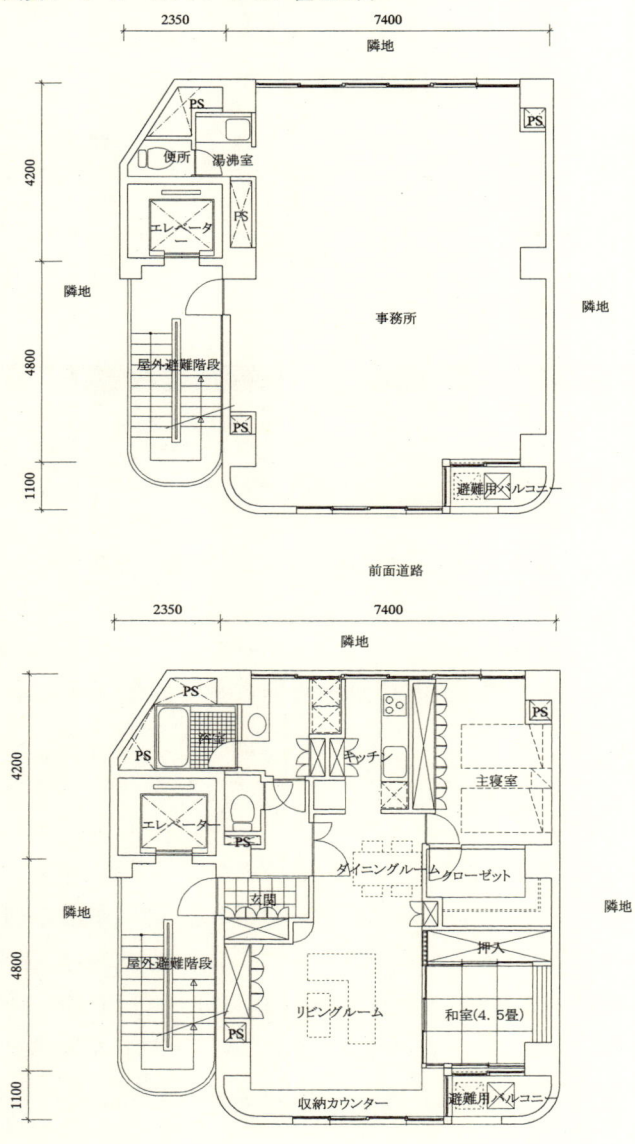

図表Ⅰ-3-6　サブリース機能の拡大による事業支援

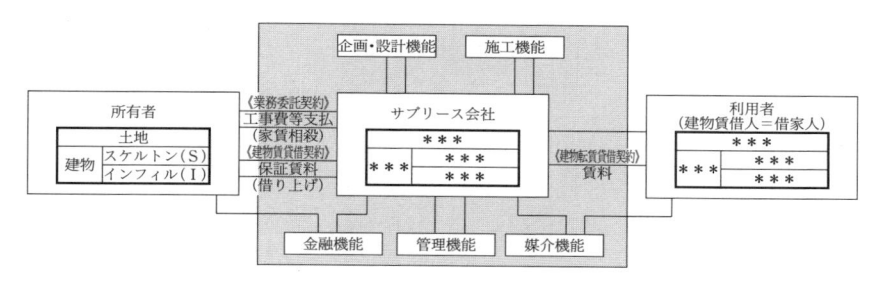

```
                        ┌─────────────┬─────────────┐
                        │ 企画・設計機能 │   施工機能   │
                        ├─────────────┴─────────────┤
┌──────────┐  〈業務委託契約〉│        サブリース会社        │            ┌──────────────┐
│  所有者   │  工事費等支払  │       ***   ***            │            │    利用者    │
├──────────┤  （家賃相殺）  │   ***   ***   ***          │〈建物賃貸借契約〉│(建物賃借人＝借家人)│
│   土地    │ 〈建物賃貸借契約〉│       ***   ***            │            ├──────────────┤
│ ┌──────┐│  保証賃料     │                              │   賃料      │    ***       │
│建│スケルトン(S)│ （借り上げ）  │                              │            │  ***  ***    │
│物│インフィル(I)│                │                              │            │***  ***  *** │
│ └──────┘│               │                              │            │    ***       │
└──────────┘               └─────┬─────┬─────┬─────┘            └──────────────┘
                                 │金融機能│管理機能│媒介機能│
                                 └─────┴─────┴─────┘
```

（注）　太線で囲った部分は、土地、建物（スケルトン、インフィル）の所有を示し、＊＊＊は所有しない状態を示す。図示のほか、サブリース会社や利用者がインフィルを所有することもある。

　都心商業地であれば、5,000円/㎡程度の賃料が期待できるものの、東京でも住宅の賃料は2,500円/㎡〜3,000円/㎡程度のことが多く、賃貸方式により投資額を回収することは容易ではない。

　低い賃貸事業の成立性を少しでも高めるために、コンバージョンで考えられる工夫として、ビルの一部だけ用途変更する、スケルトンとインフィルを分離する、サブリース会社が一括借り上げる、などが試みられている。

　これらの工夫によっても賃貸事業収支が合わない場合は、賃貸経営を継続としたコンバージョンは実行することができないこととなる。

② **多様な事業機会を創出する**

　コンバージョンは所有と経営を分離して、経営資源の重点を"もの"から"ひと"へ移行することにより、不動産経営を破綻から救済することを可能とする手法である。一方で、コンバージョンを不動産経営の破綻救済型とのみ位置付けると、それは極めて個人的で、所有重視の土地神話の系譜に属するものといえ、かえってコンバージョンの定着を阻害する可能性がある。建物の長期利用をつきつめるならば、事業意欲や事業余力の少ない所有者の縛りを超える必要が出てくる。つまり、"もの"の長寿命化、省資源の実現のためには、"ひと"をかえることが適当な場合が出現するわけである。このように、サスティナブ

図表 I-3-7　多様な事業主体の参画

分類	コンバージョン前	コンバージョン後				
		単独事業		共同事業		
		原事業者	新事業者	原事業者＋新事業者		共同事業者＋新事業者
概念図	建物利用者 L:賃借人 O:事務所 R:住宅 $A\text{-}C_4\text{-}O$ $A\text{-}C_3\text{-}O$ $A\text{-}C_2\text{-}O$ $A\text{-}C_1\text{-}O$ A 土地所有者	$A\text{-}C_4\text{-}R$ $A\text{-}C_3\text{-}R$ $A\text{-}C_2\text{-}R$ $A\text{-}C_1\text{-}R$ A 土地所有者	$X\text{-}C_4\text{-}R$ $X\text{-}C_3\text{-}R$ $X\text{-}C_2\text{-}R$ $X\text{-}C_1\text{-}R$ X 土地所有者	$A\text{-}C_4\text{-}R$ $A\text{-}C_3\text{-}R$ $A\text{-}C_2\text{-}R$ $A\text{-}C_1\text{-}R$ Z（借地権者） A（底地権者）	$Y\text{-}C_4\text{-}R$ $Y\text{-}C_3\text{-}R$ $Y\text{-}C_2\text{-}R$ $Y\text{-}C_1\text{-}R$ Y（借地権者） A（底地権者）	$R_4\text{-}R_4\text{-}R$ $R_3\text{-}R_3\text{-}R$ $A\text{-}C_2\text{-}R$ $A\text{-}C_1\text{-}R$ AR_4 土地所有者	$R_4\text{-}R_4\text{-}R$ $R_3\text{-}R_3\text{-}R$ $A\text{-}C_2\text{-}R$ $A\text{-}C_1\text{-}R$ AR_3R（借地権者） A（底地権者）
呼称		原所有者単独型	新所有者単独型	底地譲渡型（借地権移行型）	借地権付建物譲渡型（底地移行型）	土地建物譲渡型（土地・建物交換型）	建物譲渡型（借地権・建物交換型）
方式の概要	土地・建物の所有者が、事業主として事業をコーディネートして、コンバージョンを行う。自用の方がないが、自用の問題もある。借家権の問題もあるが、コンバージョン後の建物用途は住宅等に変更となる場合が多い。	原事業者が事業主としてコーディネートして、コンバージョンを行う。コンバージョン後の建物用途は住宅等に変更となる。	原所有者から土地・建物の所有権を譲り受けた新事業者がコンバージョンを行う。譲渡価格はコンバージョン後の事業性を元に収益還元した収益価格が前提。	底地を投資家に譲渡し、原所有者は借地権付建物の経営を行う。底地譲渡代金をコンバージョンの事業費に充当する。底地を購入した投資家には投資した収益費代を支払う。	借地権付建物を譲渡し、原所有者は底地経営を行う。底地経営は安定的で経営の失敗は少ない。	土地・建物の所有権の一部を共同事業者に譲渡し、イコールパートナーとして事業を展開する。	借地権の準共有持分と建物所有権の一部を譲渡する。共同事業者は左記の土地所有権譲渡型と比べて土地所有権を購入しないか、出資はないか少なくてすむ。
所有権の移転	土地 建物	移転なし 移転なし	全部移転 全部移転	全部移転 移転なし	移転なし 全部移転	部分的に移転 部分的に移転	部分的に移転 部分的に移転

ル社会の不動産経営は次なる段階として、ある特定の"ひと"の所有を前提としたスキームから脱して、"もの"のサスティナビリティを保持することを前提としたスキームづくりへと移行することがさけられない。

　コンバージョンは建築物の「用途」や「所有」の変更を、ときに単独で、ときに同時に行う。また、これらを建築物全体で行うこともあれば、部分的に行うこともある。さらに、都市の成熟や景気の循環などを考慮するならば、これらは可逆的であることが求められる。つまり、コンバージョンとは、建築物の用途と所有の変更を可逆的に組み合わせることによって行うストックの循環であり、サスティナブル社会の不動産経営のあり方をもっとも端的に表現する事業概念と位置づけることができる。

II

コンバージョンのための法と制度

1 ── コンバージョンで検討すべき項目

中城　康彦

1　コンバージョンの実施で考慮する事項

　コンバージョン事業は、長期安定的な都市経営や不動産経営の観点から、既存の建物の不十分な性能を補強し改修すると同時に、建物の用途や空間を需要に適応したものに変更することによって建物を継続的に利用しようとするものである。それゆえに、事業化に際しては、長期的な変容にも対応することができるスキームを構築する必要がある。ときとして、空室や既往債務の存在など、不動産経営にかかわる負の遺産を内包しての事業化であることも特徴的である。また、利用者が安全で安心して利用できることを担保する必要もある。

　コンバージョンは多様な用途間で実践される可能性があるが、ここでは事務所ビルを住宅に変更するケースについて記述する。

(1) 用途の変更

　一棟の事務所建築物のどの範囲を住宅に変更するかによって、全体用途変更（全体コンバージョン）と部分用途変更（部分コンバージョン）に区分できる。両者は、事業化の契機、目的、手法など、基本の部分で異なる点が多い。コンバージョンは漠然と全体用途変更をイメージすることが多いが、件数としては部分

コンバージョンが多い。

　全体コンバージョンは、不動産経営の全般的な見直しであり、全テナントを退去させたうえで建物全体の改修工事を行う。立ち退き交渉や本格的な仮設工事など、相応の期間が必要であるが、必要十分な工事を施工することができる。

　これに対して部分コンバージョンは、不動産経営の部分的な見直しである。事務所の既存テナントの賃料収入は確保しつつ、空室部分を住宅にコンバージョンし、新規テナントを確保しようとするものである。ビル自体は開業したままの工事となり、最低限の工事しか行わない、同一建物内に用途が混在する、必要な建築確認を行わない・行えないケースがあるなどの課題もある。

　コンバージョンと建築基準関係規定の関係についてはIIの2に詳述する。

(2) 権利の変動

① 所有権移転の有無・区分所有化の有無

　事務所ビルの所有権がどのように変動するかによって全体権利変動、部分権利変動および権利変動なしに区分できる。権利変動の態様としては、建物全体の所有権を移転する場合と、区分所有建物として移転する場合とがある。後者はさらに、区分所有権の全部を移転する場合と一部を移転する場合とに細分できる。

　建物所有権の移転については、共有持分の移転も可能であるが、実践的ではない。

　不動産に関する権利の得喪および変更は登記簿に登記することによって第三者に対抗することができる(民法第177条)が、通常のビルを区分所有建物にして区分登記したり、内装が完成していないスケルトン状態の登記をすることは必ずしも容易ではない。登記はそもそも第三者対抗力を具備するための手段であるが、逆に、登記をすることで資産性が認められ融資を受けることが可能となる、買主に銀行融資がつくことでコンバージョンの事業化が決定できるというように、現場ではコンバージョンの事業化と登記の因果関係は逆転する。コンバージョンと登記の関係はIIの9で詳述する。

② 所有権移転の直接性・間接性

権利の変動が起きる場合について、コンバージョン前の所有者からコンバージョン後の所有者に直接的に権利が移転する場合（直接移転）と、いったんディベロッパー等に移転したあと、コンバージョン後の所有者に間接的に移転する場合（間接移転）とがある。間接移転の場合は、原則としてその都度、登録免許税や不動産取得税等の支払いが必要となる。

コンバージョンをめぐる税金の問題としては、固定資産税の問題がある。詳細はⅡの7に述べる。

(3) 事業主体 —— 単独事業と共同事業

事務所ビルの所有者が単独で事業化する場合と、ディベロッパー等と共同で事業化する場合がある。前者は、さらに原所有者による場合と新規取得者による場合に細分でき、後者は、共同事業者による場合と事業支援者による場合等に細分できる。共同事業者による場合とは、共同して事業費を負担する関係にある者の共同事業であり、事業支援者による場合とは、事業費は負担しないものの、事業推進を支援する専門知識や情報の提供者が共同事業者として参画するケースである。

法律の枠組みをもつ、事業支援者による事業支援の例として信託制度がある。コンバージョンと信託制度との関係についてはⅡの8に詳述する。

また、大都市部では借地権者が所有する事務所ビルでコンバージョンを検討するケースも少なくない。借地権者がコンバージョンを行う場合、地主の承諾や一時金の支払いといった課題がある。詳細はⅡの4に述べる。

(4) 借家人の立ち退き

借地借家法で保護された建物賃借人（借家人）に建物賃貸人の都合を入れて立ち退いてもらうことは容易ではない。空室や老朽化が目立つ事務所ビルであっても、全テナントの退去を待った上で、全体コンバージョンを行うためには、相応の交渉期間や費用が必要となる。

この点では、借家人の立ち退きが問題とならない、空室部分だけの部分コンバージョンや、自用ビルのコンバージョンが容易である。

借家権とコンバージョンの課題についてはIIの5に詳述する。

(5) 資金の調達

事業費の調達方法として、間接金融と直接金融とがある。前者は一般に銀行からの借入れを検討するが、ノンバンクから融資を受けるケースもある。キャッシュフローが安定的に見込める場合にあっては、証券化等により直接金融の可能性もある。

自己資金を投入することにより、確実に事業化している例や、使途の拘束が緩やかな公的資金を導入している例もある。また、賃貸住宅とする場合には、共用部分の整備に対する補助金の制度も準備されている。

このほか、事業支援者が金融機能を果たしている例がある。サブリース会社が自ら施工したコンバージョン費用について、家賃収入から分割払いを受けるものである。

一般的な銀行融資等に際して、融資可能額を査定するために、不動産鑑定評価を行うことがある。しかしながら、現行の不動産鑑定評価基準は、コンバージョンを行う不動産の評価にフィットするとはいいにくい。不動産鑑定評価とコンバージョンの課題についてはIIの6に述べる。

(6) 資金の回収

事業費の回収方法として、賃貸による方法（賃貸方式）と売却による方法（分譲方式）とがある。賃貸方式は賃料収入により長期にわたって投下資本を回収する。分譲方式は用途変更後の住宅等を分譲することにより短期的に回収する。

分譲方式では、区分登記を行う必要があり、これが可能な改修設計をする必要がある。分譲方式では、売買契約にもとづく担保責任が売主に課せられるため、賃貸方式と比較して、改修前のビル（ベースビル）の調査や改修工事を慎重に行う必要性が高い。

コンバージョン事業においては、一般に事業資金の調達が必ずしも容易でなく、権利の変動と資金の回収は表裏の関係にある。

(7) ユーザー参加方式

コンバージョン住宅の魅力のひとつは、他に類例のない、ユニークな住宅づくりが可能な点である。住宅の間取りや供給方式についてユーザーの希望を取り入れて行うコーポラティブ方式は、ユーザー直接型の供給方式である。これに対して、事業主が企画供給する住宅について入居者を募集する間接型の供給方式がある。

(8) サブリース方式

一般に建物賃貸借においては、所有者がコンバージョン工事を行ったうえ、入居を希望する賃借人と直接的に建物賃貸借契約を締結する。賃貸事業の基本形であるが、賃貸事業のリスクとリターンの全てが事業主にかかる。

これに対して転貸方式（サブリース方式）は、所有者がコンバージョン工事を行ったうえ、建物をサブリース会社（事業支援者）に一括賃貸する。サブリース会社はこれを転貸して転貸収入を得る一方、必要諸経費、管理報酬等を差し引いて、所有者に一括賃借分の賃料を支払う。サブリース会社は業務委託契約にもとづき、改修工事、資金調達、テナント募集等、賃貸事業経営にかかる業務を所有者に代理して行うため、所有者は実務的なわずらわしさを免れることができる。

新築の場合の事業受託方式と類似する方式である。不動産信託方式も同類型に分類できる。コンバージョンは大なり小なり不動産経営の不首尾に対する軌道修正であり、所有者は追加資金の投入も含めて懐疑的になっている場合が少なくない。このような場合に、事業支援者としてのサブリース会社の役割は大きい。

(9) スケルトン・インフィル——一体型と分離型

　建築物の軀体・仕上げ・設備全体を建物所有者等の事業主が完成させて利用者に提供する、スケルトン・インフィル一体型に対して、スケルトン・インフィル分離型では、軀体・外部仕上げ・設備幹線等のスケルトンは事業主が提供する一方、専用部分の内部仕上げや設備機器等のインフィルは利用者が負担する。分離型では、追加の投下資本をなるだけ低減させたい事業主の意向と、自由な間取りや内部仕上げを希望する利用者の意向が一致する可能性がある。

2　コンバージョンの事業化のパターン

(1)　コンバージョン前の所有と利用

　コンバージョン前の土地・建物の権利と建物用途は一般に **図表II - 1 - 1** のとおりである。図では4階建てのビルで模式し、土地・建物の所有者はアルファベットで表示するとともに、太線が原所有者Aの所有を示している。

　タイプ1は、土地・建物をAが所有して、建物全体を事務所として賃借人が利用している賃貸用不動産である。

　タイプ2は、建物全体を所有者が利用する自用の不動産である。

　タイプ3は、最上階をビルオーナーが自宅として利用しているケースである。

　タイプ2は、建物賃借人（借家人）との立ち退き交渉が不要で事業化が簡便である。

　タイプ3は、同一建物内に親族が同居する必要があるなどの理由により事業化される事例があるが、ここではタイプ1を基本として論じる。賃借人を見つけることができず、長期間空室になっている建物でコンバージョンが行われるケースが多い。

48　II──コンバージョンのための法と制度

図表II-1-1　コンバージョン前の所有・利用事業

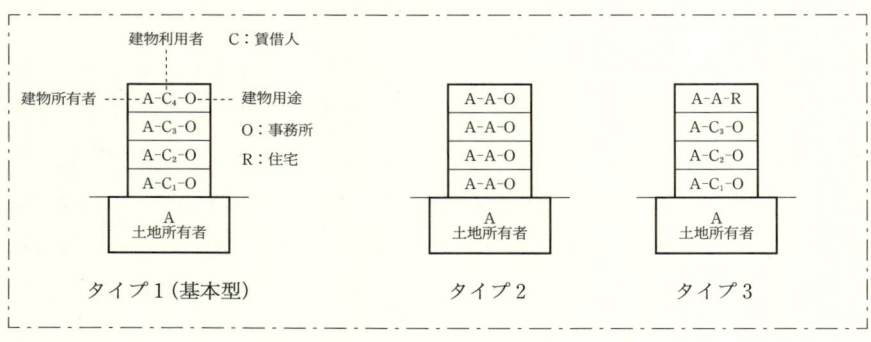

```
建物利用者　C：賃借人
建物所有者 ---- -A-C₄-O-   建物用途        A-A-O           A-A-R
              A-C₃-O                      A-A-O           A-C₃-O
              A-C₂-O     O：事務所        A-A-O           A-C₂-O
              A-C₁-O     R：住宅          A-A-O           A-C₁-O
              A                           A               A
              土地所有者                  土地所有者       土地所有者

              タイプ1（基本型）           タイプ2          タイプ3
```

(2) コンバージョンの類型

上記(1)に対して、前述1の区分が組み合わされて事業化される。**図表II-1-2**はその類型を示したものである。

① タイプ1

建物全体を住宅に用途変更し、区分建物としたうえで、区分所有権全体を売却する。土地・建物の所有権は原所有者に残らない。不良資産化した事務所ビルをマンションディベロッパーが買い取り、共同住宅に用途変更して、分譲マンションとして分譲するケースがこれに該当する（所有権の間接移転）。

図表II-1-3　タイプ1のコンバージョン事業

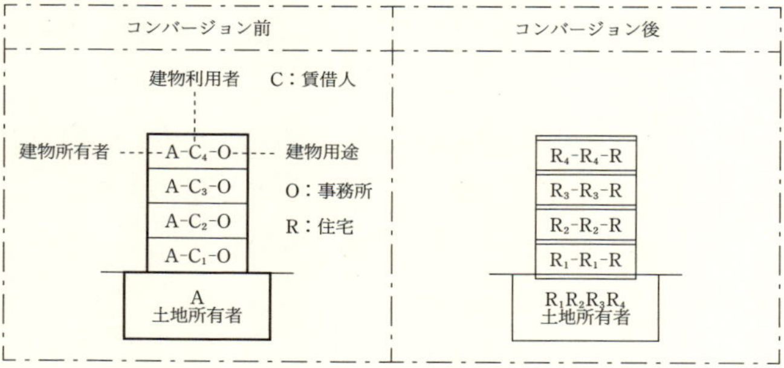

```
            コンバージョン前                      コンバージョン後

            建物利用者　C：賃借人

建物所有者 ---- -A-C₄-O-   建物用途              R₄-R₄-R
              A-C₃-O                            R₃-R₃-R
              A-C₂-O     O：事務所              R₂-R₂-R
              A-C₁-O     R：住宅                R₁-R₁-R
              A                                 R₁R₂R₃R₄
              土地所有者                        土地所有者
```

1——コンバージョンで検討すべき項目　49

図表II-1-2　コンバージョンの類型

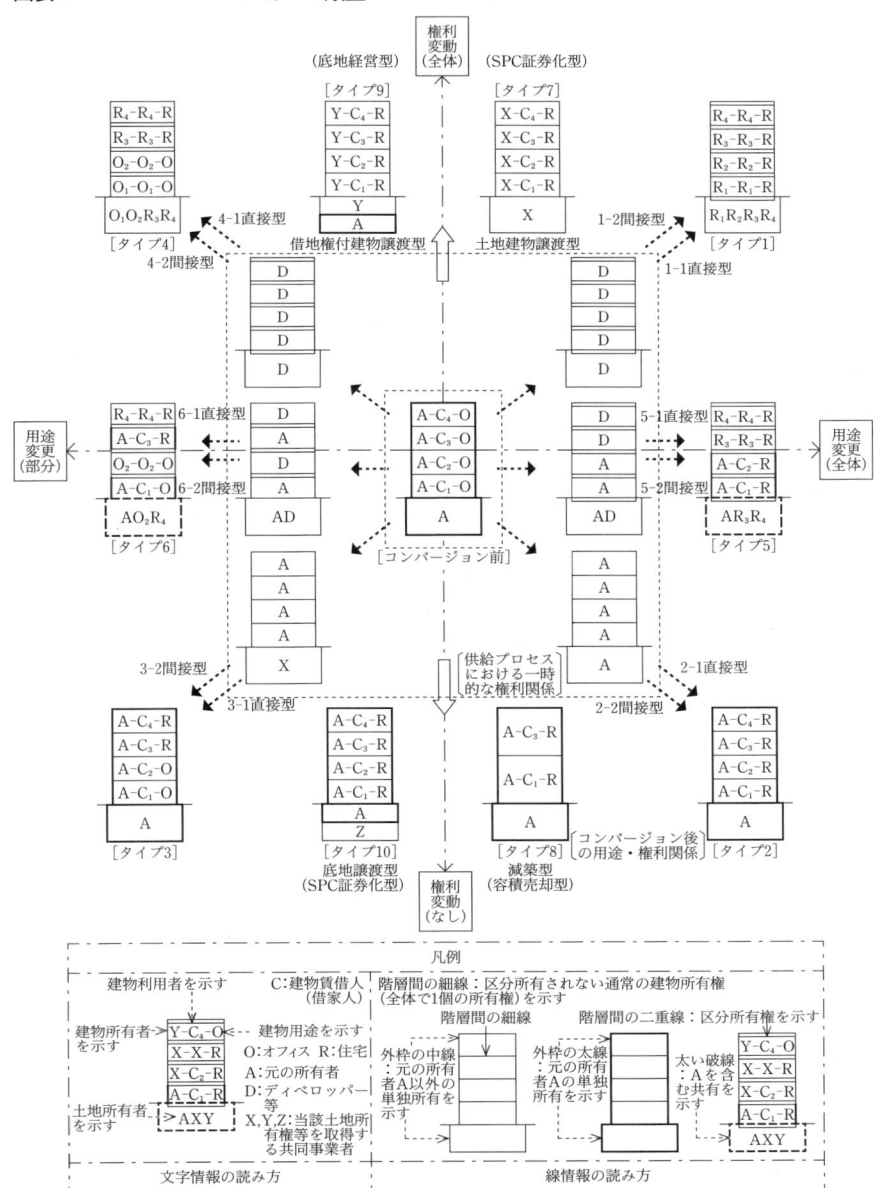

② タイプ2

建物全体を住宅に用途変更し、原所有者が不動産経営（建物賃貸事業等）を継続する。所有権の移転はない。原所有者に資金余力や経営意欲があれば採用できる。賃貸事業として基本型であるが、経営状態が必ずしも良好でないために資金調達ができないなどのケースも多い。このような場合は、これ以外の方法を選択せざるを得ない。

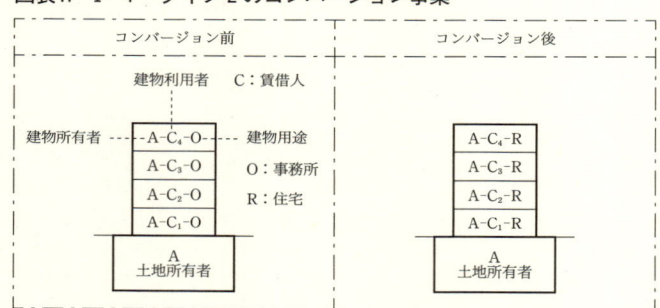

図表II-1-4　タイプ2のコンバージョン事業

```
 コンバージョン前                 コンバージョン後

           建物利用者   C：賃借人
建物所有者 ----A-C₄-O---  建物用途      A-C₄-R
          A-C₃-O       O：事務所     A-C₃-R
          A-C₂-O       R：住宅       A-C₂-R
          A-C₁-O                    A-C₁-R
           A                         A
         土地所有者                 土地所有者
```

③ タイプ3

建物の一部を住宅に用途変更し、原所有者が不動産経営（建物賃貸事業等）を継続する。所有権の変動はない。用途変更しない部分は、従前どおり賃貸事務所による不動産経営を継続する。空室部分を変更するケースが多い。典型的な部分コンバージョンである。一棟の建物に、事務所と住宅が混在することになり、管理上の問題をかかえる可能性がある。中小規模のビルでの事後的な用途混在により、ビルの品質感を低下させる懸念がある。

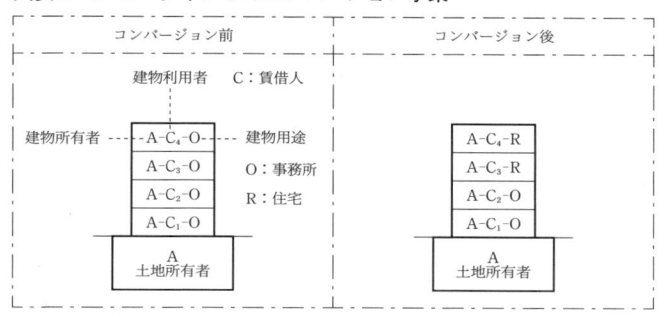

図表Ⅱ-1-5　タイプ3のコンバージョン事業

```
┌──────────────────────────┬──────────────────────────┐
│      コンバージョン前      │      コンバージョン後      │
│                          │                          │
│         建物利用者  C：賃借人│                          │
│                          │                          │
│建物所有者 ─ -A-C₄-O-  建物用途│         A-C₄-R           │
│           A-C₃-O              │         A-C₃-R           │
│           A-C₂-O   O：事務所   │         A-C₂-O           │
│           A-C₁-O   R：住宅     │         A-C₁-O           │
│                          │                          │
│             A            │             A            │
│          土地所有者       │          土地所有者       │
└──────────────────────────┴──────────────────────────┘
```

④　タイプ4

　建物全体を区分建物としたうえで、区分所有権全体を売却する。土地・建物の所有権は原所有者に残らない。不良資産化した事務所ビルを事務所・マンションとして分譲するケースである。区分所有権を買い受けた所有者により利用されることが原則であるが、場合によっては、賃貸されることもある。この場合は、用途の混在に加え、自用と賃貸用との混在が起きる。階層別にSOHOを実践する場合は、図のたとえばO_1とR_3とが同一人格のことも考えられる。

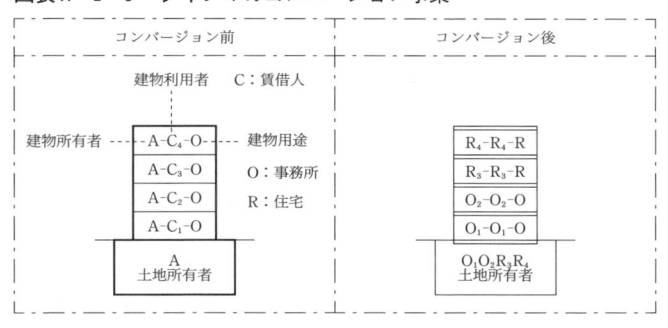

図表Ⅱ-1-6　タイプ4のコンバージョン事業

```
┌──────────────────────────┬──────────────────────────┐
│      コンバージョン前      │      コンバージョン後      │
│                          │                          │
│         建物利用者  C：賃借人│                          │
│                          │                          │
│建物所有者 ─ -A-C₄-O-  建物用途│         R₄-R₄-R          │
│           A-C₃-O              │         R₃-R₃-R          │
│           A-C₂-O   O：事務所   │         O₂-O₂-O          │
│           A-C₁-O   R：住宅     │         O₁-O₁-O          │
│                          │                          │
│             A            │        O₁O₂R₃R₄          │
│          土地所有者       │          土地所有者       │
└──────────────────────────┴──────────────────────────┘
```

⑤　タイプ5

　建物全体を住宅に用途変更し、区分建物としたうえで、区分所有権の一部を

売却する。原所有者は区分所有権の売却代金をコンバージョン事業資金に充当する。原所有者は、所有権を有する区分所有建物（図では1～2階）で、不動産経営（建物賃貸事業等）を継続する。更地の場合の等価交換事業と類似する方法である。

区分所有権を買い受けた者は、当該部分を自用とすることが原則となろうが、賃貸される可能性もある。前者の場合は、自用と賃貸用の混在が起きる。

土地は一般に共有となり、敷地権の目的となる。建物について区分所有でなく共有も可能であるが、実際的ではない。

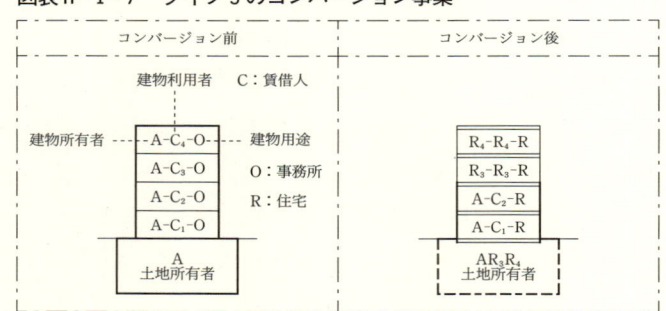

図表II-1-7　タイプ5のコンバージョン事業

⑥　タイプ6

建物全体を区分建物としたうえで、区分所有権の一部を売却する。区分所有権の売却代金をコンバージョン事業の資金に充当する。原所有者は、所有権を有する区分所有建物で不動産経営（事務所用および居住用建物賃貸事業）を継続する。用途の混在に加え、自用と賃貸用との混在が起きる。

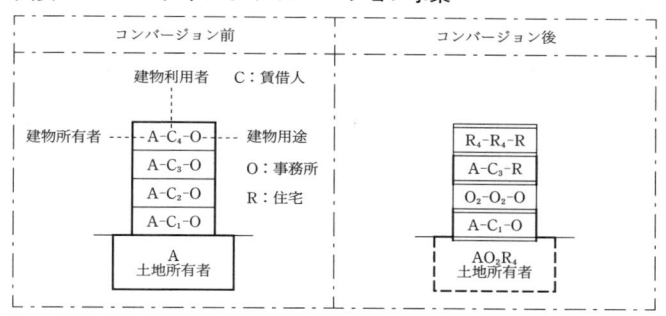

図表II-1-8　タイプ6のコンバージョン事業

[コンバージョン前]
建物利用者　C：賃借人
建物所有者 ---- A-C_4-O
　　　　　　　　A-C_3-O　　建物用途
　　　　　　　　A-C_2-O　　O：事務所
　　　　　　　　A-C_1-O　　R：住宅
　　　　　　　　A
　　　　　　　　土地所有者

[コンバージョン後]
R_4-R_4-R
A-C_3-R
O_2-O_2-O
A-C_1-R
AO_2R_4
土地所有者

⑦　タイプ7

　原資産の所有者から土地・建物の所有権を譲り受けたディベロッパー等が用途変更を行い、住宅として賃貸事業を行う。譲渡価格はコンバージョン後の事業性を基にした収益価格がベースとなるが、一般に、土地・建物を購入し、追加投資を行った後に居住用の賃貸事業が成立するエリアは必ずしも広くない。不良債権化した賃貸不動産など、原所有者では事業化が困難な場合に採用される。事業意欲に富む新取得者による事業化で本格的なコンバージョンが行われる可能性がある。土地・建物の所有権は原所有者に残らない（土地建物譲渡型）。

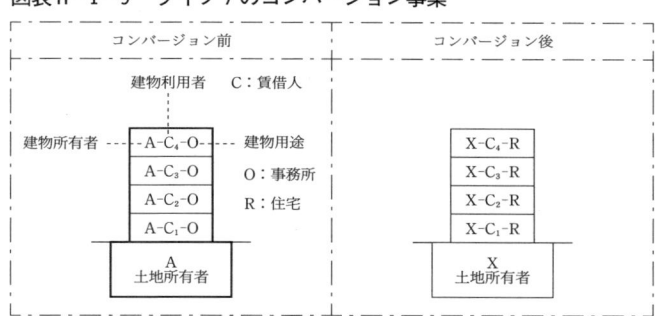

図表II-1-9　タイプ7のコンバージョン事業

[コンバージョン前]
建物利用者　C：賃借人
建物所有者 ---- A-C_4-O
　　　　　　　　A-C_3-O　　建物用途
　　　　　　　　A-C_2-O　　O：事務所
　　　　　　　　A-C_1-O　　R：住宅
　　　　　　　　A
　　　　　　　　土地所有者

[コンバージョン後]
X-C_4-R
X-C_3-R
X-C_2-R
X-C_1-R
X
土地所有者

⑧ タイプ8

建築物の未利用容積や床を減少させることによって生じる余剰容積を隣地等に移転してその対価を受領し、事業資金に充当する方法である。連担建築物設計制度や特例容積率適用区域制度を利用する。土地・建物の所有権の変動はないが、容積という空中の利用権を隣地等に譲渡することになる。床を間引くことによって天井高の高い空間を確保することができ、他と差別化することによって入居率と賃料単価を改善することが可能である。所有や利用の混在を避けることも可能である（減築型）。

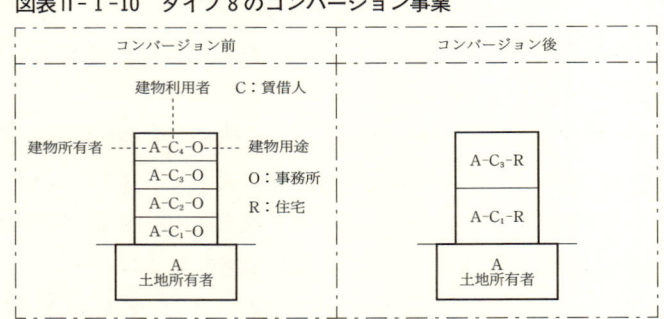

図表II-1-10　タイプ8のコンバージョン事業

コンバージョン前	コンバージョン後
建物利用者　C：賃借人 建物所有者----A-C_4-O　建物用途 　　　　　　　A-C_3-O　O：事務所 　　　　　　　A-C_2-O　R：住宅 　　　　　　　A-C_1-O 　　　　　　　　A 　　　　　　　土地所有者	A-C_3-R A-C_1-R A 土地所有者

⑨ タイプ9

原所有者は、建物賃貸による不動産経営を断念し、自らは底地権者として、底地経営に転ずる。借地権付建物の所有権の取得者が建物改修をした上で、建物経営を継続する。タイプ7と比較して、土地所有権（底地）を取得していない分、新所有者の投下資本は少なくて済むが、土地賃借権には抵当権を付けることができないなどの課題がある。地上権による借地権の場合は、この問題はない。原所有者に既存債務がある場合でも、借地権付建物の譲渡代金をこの返済に充当することで、爾後は安定的な底地経営に徹することができる（借地権付建物譲渡型/底地移行型）。

図表II-1-11　タイプ9のコンバージョン事業

```
┌─────────────コンバージョン前─────────────┐  ┌─────────────コンバージョン後─────────────┐
          建物利用者    C：賃借人
  建物所有者 ──  -A-C₄-O-   建物用途              │  Y-C₄-R │
              ├─────────┤                       ├────────┤
              │ A-C₃-O  │   O：事務所             │ Y-C₃-R │
              ├─────────┤                       ├────────┤
              │ A-C₂-O  │   R：住宅              │ Y-C₂-R │
              ├─────────┤                       ├────────┤
              │ A-C₁-O  │                       │ Y-C₁-R │
              ├─────────┤                       ├────────┤
              │    A    │                       │ Y 借地権者 │
              │ 土地所有者 │                       ├────────┤
              └─────────┘                       │ A 底地権者 │
                                                └────────┘
```

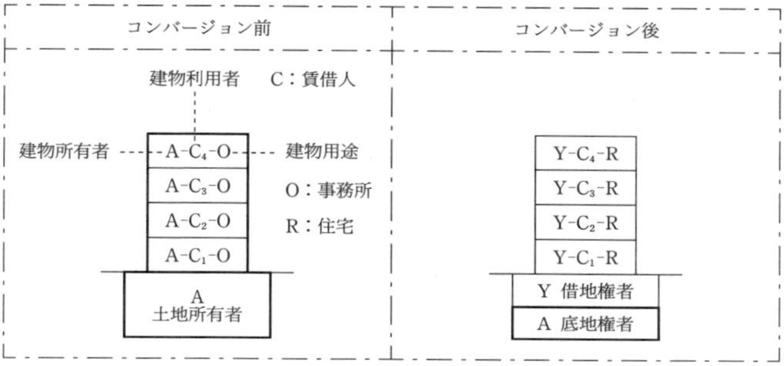

⑩　タイプ10

　原資産保有者は土地の所有権を不動産投資家等に譲渡し、自らは借地権付建物所有者となって、不動産経営を継続する。建物改修費は、所有権（底地）を譲渡した代金を充当する。底地権者は、借地権者から一定の地代収入を得る。地代収入は一般に安定的な収入が期待でき、不動産投資信託との親密性がある。借地権は普通借地権でも定期借地権でもよく、原所有者が必要とする建物改修費や既存債務返済資金に応じて決定することができる（底地譲渡型/借地権建物移行型）。

図表II-1-12　タイプ10のコンバージョン事業

```
┌─────────────コンバージョン前─────────────┐  ┌─────────────コンバージョン後─────────────┐
          建物利用者    C：賃借人
  建物所有者 ──  -A-C₄-O-   建物用途              │  A-C₄-R │
              ├─────────┤                       ├────────┤
              │ A-C₃-O  │   O：事務所             │ A-C₃-R │
              ├─────────┤                       ├────────┤
              │ A-C₂-O  │   R：住宅              │ A-C₂-R │
              ├─────────┤                       ├────────┤
              │ A-C₁-O  │                       │ A-C₁-R │
              ├─────────┤                       ├────────┤
              │    A    │                       │ A 借地権者 │
              │ 土地所有者 │                       ├────────┤
              └─────────┘                       │ Z 底地権者 │
                                                └────────┘
```

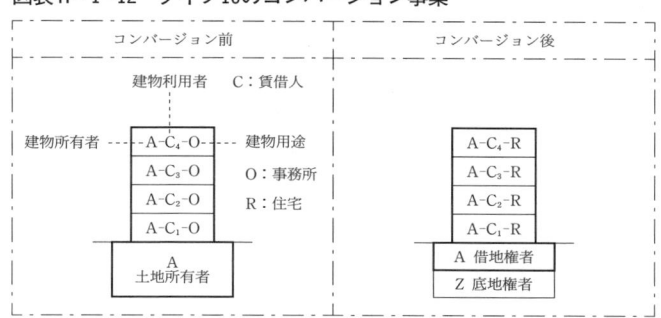

2 ── コンバージョンと建築基準法

石塚 克彦

1　建築確認申請とは

　建物を建てるときには建築確認申請を出さなければならないということはほとんどの人が知っているが、その建築確認申請の意味を理解している人は建築関係者以外には少ない。

　一般の人は、建物とは役所から建てることを許可されるものと思っている節がある。それならば建築許可であり、建築許可証の交付を受けるということになるはずである。ところが、建築確認といい、確認済証の交付を受けるという（通常、この確認済証の交付を受けることを確認がおりるといっている）。

　それは、建築確認は、建築しようとしている建物が建築基準法（以下、法と記す）および関連法規に適合しているかどうかの判定をしているだけであるからである。行政による許認可ではないので、平成10年の改正でこの適合判定は国土交通省の指定を受ければ、民間でもできるようになった。当然、多くの機関で建築確認申請の適合判定が同じようにできるのは、法および建築基準法施行令（以下、令と記す）、建築基準法施行規則（以下、規則と記す）ならびに関連の条例等がかなり精緻にできているからである。

2　検査済証の重要性

　建築確認申請のとおりに建物ができているかをチェックするのが中間検査と完了検査である。中間検査は工程に合わせて適宜行われ、工事が進むにつれて隠れてしまう箇所、たとえば鉄筋コンクリートの建物なら鉄筋の配筋の状態等を確認する。それらの中間検査を経て最後が完了検査であり、問題がなければ検査済証が交付される。

　ところが、この検査済証の交付を受けていない建物がかなりある。法規上はこの検査済証がなければその建物は使用できないのだが、確認済証があれば工事に着手できるので竣工後はそのまま使用して、別に違反建物をつくったのでもないのに完了検査を受けていない建物が多い。

　検査済証の交付を受けるということは、鉄筋の配筋の状態など、工事中でなければ見ることのできない箇所が図面どおり施工できており、構造耐力等の性能があるということと、すべての法規に合っていることの証明である。検査済証がなければ、元のビル（ベースビルという）が適法であったかどうかが担保されていないので、次に確認申請が必要な工事（用途変更等）をするのが非常に困難となる。

3　コンバージョンをするには確認申請が必要である

　コンバージョン、つまり建物の用途の変更に関する規定は法第87条に「用途の変更に対するこの法律の準用」があり、この中にコンバージョン後の建物が適合しなければならない法の関連規定の条項が記載されている。

　法第87条第1項には、ベースビルの用途を変更して法第6条第1項第1号の特殊建築物のいずれかとする場合について規定してある。ここでいう特殊建築物とは、建築基準法の別表第一の（い）欄に掲げる用途に供する特殊建築物である。本書が対象としているオフィスから住宅への用途変更（コンバージョン）

後の共同住宅は、病院、診療所、ホテル、旅館、下宿、寄宿舎等と同じ分類に属している特殊建築物である。

そして、法第6条は、建築しようとする建築物の計画が建築基準関係規定に適合するものであることについて、確認の申請書を提出して建築主事の確認を受け、確認済証の交付を受けなければならないことを規定している。同条第1項第1号には床面積の合計が100㎡を超える特殊建築物は確認を受けなければならないとあり、法第87条第1項はこの規定を準用せよということである。

(1) 用途変更に際して準用しなければならない規定

法第87条第2項には、ある用途（たとえば事務所）として法の適用を受けた建築物（ベースビル）の用途を変更する場合には図表Ⅱ-2-1の規定を準用することが記してある。つまり、事務所用途としては適法であるビルでも、新しい用途になれば適用される法律（条例を含む）が異なるので新しい用途に関して適法とするためである。

(2) 既存不適格建築物への規定の準用

既存不適格建築物とは、法第3条第2項に規定する（適用の除外…法や条例の規定の施行または適用の際に存する建築物もしくは工事中の建築物がこれらの規定に適合していない場合、または適合しない部分を有している場合は、これらの建築物またはその部分に対してこれらの規定を適用しない）建築物であり、工事着工後に施行された法の条項にたとえ抵触していても適法とされる建築物をいう。

法は大改正や小規模の改正が何度もなされているので、古い建物の多くは既存不適格建築物となっているのである。

コンバージョンの場合は、ベースビルが図表Ⅱ-2-2の規定の適用を受けない建築物（既存不適格建築物）であるときは、法第87条第3項の規定により、この表の規定を準用することとされている。

これは、法第3条第2項の既存不適格建築物への法の適用の除外が適用されない場合としては、同条の第3項第3号に、増築、改築、大規模の修繕または

図表Ⅱ-2-1　用途変更の場合に準用する規定

法第48条第１項～第12項	用途地域
法第51条	卸売市場等の用途に供する特殊建築物の位置
法第60条の２第３項	都市再生特別地区の誘導すべき建築物について法第48条（用途地域）、第49条（特別用途地区）の規定は適用しない
法第39条第２項	災害危険区域内における住宅等に関する制限
法第40条	地方公共団体の条例による制限の附加
法第43条第２項	敷地等と道路との関係の地方公共団体の制限の附加
法第49条	特別用途地区
法第50条	用途地域等における建築物の敷地、構造または建築設備に対する制限
法第68条の２第１項および第５項	市町村の条例に基づく制限およびその緩和
法第68条の９の規定に基づく条例の規定	地方公共団体による都市計画区域および準都市計画区域以外の区域内の建築物に係る制限

大規模の模様替に係る建築物またはその敷地とあるが、これには用途変更が含まれていないため、必要な規定を準用してこれらの規定に適合させようという趣旨である。

(3) 類似の用途間では現在の法を適用しなくてもよいこともある

　法第87条第３項第２号により、当該用途の変更が政令で指定する類似の用途相互間におけるものであって、かつ、ベースビルの修繕もしくは模様替をしない場合、またはその修繕もしくは模様替が大規模でない場合は適用しなくてもよいことになっている。しかし、令第137条の10第３号で、ホテル、旅館、下宿、

図表 II-2-2　既存不適格建築物が用途変更の際に準用しなければならない規定

法第24条	木造建築物等である特殊建築物の外壁等
法第27条	耐火建築物または準耐火建築物としなければならない特殊建築物
法第28条第1項、第3項	居室の採光および換気
法第28条の2	シックハウス対策
法第29条	地階における住宅等の居室（防湿等）
法第30条	長屋または共同住宅の各戸の界壁
法第35条	特殊建築物等の避難および消火に関する技術的基準
法第35条の2	特殊建築物等の内装
法第35条の3	無窓の居室等の主要構造部
法第36条	この章の規定を実施し、または補足するために必要な技術的基準のうち、法第28条第1項、第35条に関する部分
法第48条	用途地域
法第51条	卸売市場等の用途に供する特殊建築物の位置
法第39条第2項	災害危険区域内における住宅等に関する制限
法第40条	地方公共団体の条例による制限の附加
法第43条第2項	敷地等と道路との関係の地方公共団体の制限の附加
法第49条	特別用途地区
法第50条	用途地域等における建築物の敷地、構造または建築設備に対する制限
法第60条の2第1項	都市再生特別地区
法第68条の9	規定に基づく条例の規定

共同住宅、寄宿舎が類似の用途として規定されており、オフィス（事務所）と共同住宅は類似の用途ではない。

つまり、オフィスから共同住宅へコンバージョンする場合は、工事をしなくても用途の変更の建築確認申請をしなければならない。

4　建築物の耐震改修の促進に関する法律

1995年に制定された建築物の耐震改修の促進に関する法律（通称、耐震改修法）では、既存不適格建築物に耐震性の向上のために必要と認められる増築、大規模修繕または模様替をしようとする場合には、改修計画の「認定」を受ければ、それを建築確認とみなし、一定の範囲で耐震関係規定以外の既存不適格事項について、引き続き既存不適格建築物として取り扱うとしている（同法第5条第3項第3号）。

これは、法第3条第2項による既存不適格建築物が増築や大規模の修繕または模様替をするときに確認を必要とし、現行法に適法とならなくてはいけないからである。その中でも一番問題となるのが、容積率の規定が導入された時点（1970年）と日影制限が導入された時点（1976年）以前の建物である。これらの規定では建物の床面積がオーバーしている場合に現法規に適法となるには減築をしなければならない。建物の所有者としては床面積を減らしてまで耐震改修をしたくないので緩和措置を採り入れているのである。

現時点では、この法による認定を受けた建物をコンバージョンした場合、どこまで緩和措置が受けられるかは不明であるが、床面積が減ることは最大の問題である。

5　コンバージョンに際してチェックしなければならない法規定(1)
―― 集団規定

前掲の図表II-2-2から主要な法規定について説明する。

(1) 用途地域の制限

　法第48条では、用途地域ごとに建築できる建築物、または建築してはならない建築物を規定している（法別表第二に記載）。

　住宅用途の建物は、工業専用地域以外であれば建築が可能である。したがって、工業専用地域以外の用途地域であれば、住宅へのコンバージョンには用途地域上の問題は発生しない。しかし、地方自治体によっては、インフラ（公共上下水道、学校等）の整備が整っていないという理由等で、共同住宅（マンション）の建設を抑制しているところもあるので注意が必要である。

(2) 形態制限

　建蔽率、容積率、各種の斜線制限、日影規制など、その敷地に建築できる建築物の大きさや高さ等の形態は用途地域ごとにその規制が定められており、建築物の用途による違いはない。しかし、容積率に関しては、法第52条第3項に地階にある住宅の用途に供する部分の床面積の容積不算入（当該建築物の住宅の用途に供する部分の床面積の合計の3分の1を限度とする）、および同条第5項に共同住宅の廊下または階段の用に供する部分の床面積の容積不算入の緩和措置があるので、逆コンバージョンする（住宅用途から他の用途に変える）ときは容積オーバーになる場合があり注意を要する。

　ちなみに、住宅用途とみなされる部分とは、
・各住戸の専用部分（各戸専用の物置を含む）
・住宅へのエントランスホール
・屋内階段、廊下、エレベーター
・管理人室
・住宅用の設備機械室
・集会室（居住者のみに使用されるもの）

　また、住宅用途とみなされない部分とは、
・併設されるスポーツクラブ等

・居住者以外の利用する会議室
・倉庫、自転車車庫等

(3) 接道条件等

　法第43条第1項に、建築物の敷地は道路に2m以上接しなければならないとあるが、実際は同条第2項で、地方公共団体は特殊建築物や一定の規模以上の建築物に対し、その建築物の敷地が接しなければならない道路の幅員、接する部分の長さ等を避難または通行の安全のために条例によって定めることができることになっている。

　東京都の場合は、東京都建築安全条例で特殊建築物（共同住宅を含む）について次のように規定されている。

① 路地状敷地の制限（第10条）
　　路地状部分の幅員が10m以上必要（敷地面積1,000㎡未満は可）
② 前面道路の幅員（第10条の2第3項）
　　共同住宅等に付属する自動車車庫に対する規定があるが、一般建築である事務所に比べて緩和されているので、オフィスから住宅へのコンバージョンの場合は抵触しない。
③ 道路に接する部分の長さ（第10条の3）

特殊建築物の用途に供する部分の床面積の合計	長さ
500㎡以下のもの	4m
500㎡を超え、1,000㎡以下のもの	6m
1,000㎡を超え、2,000㎡以下のもの	8m
2,000㎡を超えるもの	10m

④ らせん階段の禁止（第10条の7）
　　ただし、踏面（らせん階段の場合は踏面の狭い方の端から30cmの位置での寸法）21cm以上、けあげ22cm以上、幅75cm以上のらせん階段は可。

⑤ 特別避難階段等の設置（第11条）

特殊建築物の中でも共同住宅等で高さが31mを超える場合は、その部分に通ずる直通階段のうち1箇所以上は特別避難階段としなければならない。しかし共同住宅の場合、令第123条の規定による屋内避難階段または屋外避難階段があり、建物全体が200㎡毎に耐火構造の床、壁または特定防火設備で区画されていれば、特別非難階段の設置義務は免除される。

⑥ 共同住宅等の主要な出入口と道路（第17条）

共同住宅等の主要な出入口は、道路に面することが規定されている。ただし緩和規定があり、耐火建築物の場合は、下表に定める幅員以上の通路等で20m以内に道路に通じているか、4m以上（長さが35mを超える場合は6m以上）の通路に通じていればよい。

住戸等の床面積の合計	幅員
200㎡以下のもの	1.5m
200㎡を超え、600㎡以下のもの	2m
600㎡を超えるもの	3m

⑦ 共同住宅等の居室（第19条）

共同住宅の住戸の居室のうち、一つ以上の窓は道路または窓先空地に直接面していなければならない。耐火建築物の共同住宅の場合には、その住戸等の床面積(面積不算入部分の規定あり)の合計と窓先空地の幅員の規定は下表のとおりである。

住戸等の床面積の合計	幅員
200㎡以下のもの	1.5m
200㎡を超え、600㎡以下のもの	2m
600㎡を超え、1,000㎡以下のもの	3m
1,000㎡を超えるもの	4m

6　建築物が容積緩和を受けている場合

　コンバージョンの対象となる既存建築物が、総合設計（法第59条の2）の制度を用いて、容積率の割増、斜線制限の緩和等を受けている場合は、通常の建築基準法上の制約に加えて、総合設計制度における変更の手続きが必要となる。総合設計制度の許可要件は特定行政庁により異なる。東京都の場合には、街づくり上の誘導策として、割増容積を特定用途に限定した運用が行われており、業務商業育成型等総合設計の場合には、容積割増分は業務商業施設とすることに限定されているため、すべての部分を共同住宅に変更することはできない。

　総合設計制度の他、特定街区、再開発地区計画等により、用途別の容積率を定める都市計画の内容と異なることも想定され、この場合は、都市計画の変更手続きが必要となる。また、地区計画が定められている場合には、整備計画により建物用途の制限が定められている場合があり、共同住宅が用途上制限されていないことを確認する必要がある。

7　コンバージョンに際してチェックしなければならない法規定(2)
── 単体規定

　建築基準法の単体規定、つまり、建築物の構造、設備、材料にかかわる避難、防災、衛生上の規定、および消防法上からコンバージョンに際しての重要なポイントを示す。

(1)　防火規定にかかわる課題

① 構造規定

　特殊建築物である共同住宅は、事務所ビルとは耐火基準が異なる。法第27条第1項の規定により、3階以上の階を共同住宅とする場合は耐火建築物としなければならない（ただし、防火地域以外は地階を除く階数が3であれば準耐火建築物でも可）。また、同条第2項により、その用途に供する床面積が2階の部分に限

り300㎡以上の場合は、耐火または準耐火建築物としなければならない。

　事務所ビルについては法第22条、第61条〜第67条が適用され、防火地域においては、階数が3以上または延べ面積が100㎡を超える建築物は耐火建築物、その他は耐火建築物または準耐火建築物である必要がある。準防火地域においては、地階を除く階数が4以上または延べ面積が1,500㎡を超える建築物については耐火建築物、地階を除く階数が3または延べ面積が500〜1,500㎡の建築物については耐火建築物または準耐火建築物である必要がある。

　したがって、防火地域では事務所ビルに対する規定が共同住宅のそれより厳しいことから、住宅へのコンバージョンにあたっては制限事項とはならないが、準防火地域において延べ面積1,500㎡以下の準耐火建築物（事務所ビル）の3階以上の階を共同住宅にコンバージョンする場合は注意が必要である。

② 界　壁

　令第114条の界壁、間仕切壁、隔壁の制限については、共同住宅は各戸の界壁が防火上重要とされている。すなわち、耐火建築物にあっては耐火構造、準耐火建築物にあっては準耐火構造以上、その他の建築物にあっては防火構造以上で各戸の界壁を区画するように規定されている。さらに、中廊下式の共同住宅へのコンバージョンの場合は、廊下部分の小屋裏について、住戸間の延焼防止のため、各戸の界壁と同様の措置が要求される。

③ 内装制限

　法第35条の2、令第128条の3の2〜第129条に規定される内装制限については、事務所は規模ごとに規定されているが、共同住宅はさらに耐火、準耐火およびその他の建築物について区分けされているので注意を要する。階数3以上の耐火事務所ビルの場合、内装制限の適用対象は延べ面積500㎡からであるが、共同住宅は300㎡以上が適用対象となる。

　しかし、令第129条において、共同住宅の住戸にあっては200㎡以内ごとに準耐火構造の床もしくは壁または法第2条第9号の2ロに規定する防火設備で区画されている部分の居室を除くとあるので、このように区画されていれば内装制限は不要である。もちろん、厨房等の火を使用する室は法第35条の2のとお

り内装制限が必要である。

(2) 建築基準法上の避難規定にかかわる課題

① 階段までの歩行距離

　令第120条に定められている避難階以外の階における居室の各部分から直通階段までの歩行距離規定について、主要構造部が耐火構造、準耐火構造または不燃材料の一般的な事務所ビルの内容は共同住宅のそれと同様である。

　事務所ビルの無窓居室の歩行距離規定は一般居室より厳しいため、共同住宅へのコンバージョンに際しては問題ない。問題となるのは、耐火性能が劣る事務所ビル（耐火構造、準耐火構造または不燃材料以外の事務所ビル）のコンバージョンで、階段までの歩行距離が30m以上ある場合である。

② 2以上の直通階段の設置（二方向避難）

　令第121条により二方向避難が義務付けられている。ほとんどの事務所ビルでは3階以上が同一平面プランであることから、3階以上の階についての規制は事務所ビル、共同住宅ともに同等と考えられる。したがって、避難階の直上階（通常は2階）が問題である。事務所ビルの主要構造部が耐火構造、準耐火構造または不燃材料の場合は、避難階直上階では居室面積が400㎡超の場合にのみ二方向避難が要求されるが、共同住宅においては全居室に対して200㎡を超えた時点で二方向避難が要求される（耐火構造、準耐火構造または不燃材料以外の場合は、それぞれ200㎡、100㎡）。

　したがって、コンバージョンにあたっては、避難階直上階プランを変更しなければならない可能性がある。

　なお、避難上有効なバルコニーを設置することによって、制限を緩和することができる。このバルコニーについては一定の規格・基準を満たさなければならないが、法令上では明文化されていない。

③ 階段の寸法

　令第23条～第27条により階段の各部の寸法が定められている。これは建築物の規模別に規定されており、事務所ビルと共同住宅とで共用の階段の区別はな

い。また、令第122条、第123条によって避難階段と特別避難階段の設置および構造基準が定められているが、これらについても事務所ビルと共同住宅の区別はない。

④ 廊下の幅員

令第119条により廊下の幅員が規定されている。共同住宅では両側に居室がある場合(中廊下)は1.6m以上、その他の場合は1.2m以上としなければならない。これは3階以上または1,000㎡以上の事務所ビル等の一般建築と同じであるので、3階以上のベースビルを共同住宅へコンバージョンするときの制限にはならないと考えられる。

⑤ 排煙設備

令第126条の2の規定により、排煙設備を必要とする建築物でも、共同住宅の場合は200㎡以内で区画された部分は緩和されているので、コンバージョンにあたっての支障は特段ないものと考えられる。

⑥ 非常用照明

令第126条の4により、すべての共同住宅で非常用照明が必要であるのに対し、事務所ビルの場合は階数が3以上で延べ面積が500㎡を超える建築物と規定されているため、コンバージョンにあたっては不足を補うべく留意する必要がある。

なお、告示第1411号により、事務所ビルについては、避難階または避難階の直上・直下階に限り部分的な緩和を受けられるため、さらなる注意を要する。また、一戸建ての住宅または長屋もしくは共同住宅の住戸に関しては、設置緩和の対象となっている。

⑦ 非常用進入口

令第126条の6～7において、非常用進入口と進入口に代わる開口部の設置基準が定められている。事務所ビル、共同住宅ともに、道路または道路に通ずる幅員4m以上の通路その他の空地に面する外壁面において、高さが31m以下にある3階以上の各階に設置することが規定されている。したがって、コンバージョンにあたっては、法規上、特別の制限事項とは考えない。事務所ビルでは進入

口に代わる開口部をもってこの規定に充てる場合があるが、共同住宅の場合はバルコニーに設けているのが通常である。

(3) その他の課題

① 居室の採光および換気

　法第28条によって、採光上必要な開口面積が定められており、事務所ビルでは不要であるのに対し、共同住宅では床面積の1/7以上が必要である。しかし、隣地境界線または道路に面した窓との距離に応じて最大3倍まで、つまり最大で床面積の1/21以上までの緩和措置がある。さらに平成15年3月の告示により、続き間の採光が上部の開口でも可となり、コンバージョンにおける住戸のプランニングがかなり容易になった。

　平成15年7月にはシックハウス対策として法第28条の2が追加され、クロルピリホスの使用の禁止とホルムアルデヒドを発散する特定建材の使用制限が規定されるとともに、全般換気のため居室の常時機械換気が必要となった。

② 遮音構造

　共同住宅においては、法第30条、令第22条の3により、各戸の界壁の遮音性能が決められているので、コンバージョンの場合には注意を要する。

8　消防法にかかわる課題

① 消火器具

　消防法施行令（本項では令と記す）第10条により、延べ面積が、事務所ビルでは300m²以上で、共同住宅では150m²以上で消火器具の設置が義務づけられている。また消防法施行規則（本項では規則と記す）第6条により、設置能力も共同住宅の方が多くなっているため、コンバージョンにあたっては増設する必要がある。

　なお、規則第8条により、屋内消火栓設備、スプリンクラー設備、水噴霧消火設備などを設置した場合は、設置数の1/3までを減少することが認められている（ただし、11階以上は適用不可）。

② 屋内消火栓

令第11条の屋内消火栓設備の設置基準についても相違があり、共同住宅の方が厳しくなっており、住宅へのコンバージョンにあたっては増設する必要が考えられる。

なお、スプリンクラー設備、送水・散水管設備、屋内消火栓設備、消防用水に関しては、事務所ビルと共同住宅での差異はない。

③ 警報設備等

令第21条により、延べ面積が、事務所ビルでは1,000㎡以上、共同住宅では500㎡以上から自動火災報知器の設置義務が課される。各階での設置基準は、事務所ビル、共同住宅とも同じである。

④ 収容人数の変化に伴う消防法上の課題

規則第1条により、防火対象物の建築物における収容人数の算定が規定されている。算定基準は以下の通りである。

・事務所ビル……従業員の数＋（共用部分の面積／3）
・共同住宅……居住者の数

コンバージョンにあたっては、この収容人数の変化に伴い、次の消防設備の規模に影響することが考えられる。

(イ) 非常警報設備

非常警報設備（令第24条）については、事務所ビル、共同住宅ともに収容人数50人以上の設置義務となっているので、{従業員の数＋（共用部分の面積／3）}が50人以下の事務所ビルでは非常警報設備を備えていないので、コンバージョン後の居住人口が50人を超える場合は、新たな非常警報設備の設置が必要となるが、実際には、住宅の計画人口は事務所ビルより少なくなるので問題とはならない。

(ロ) 非常放送設備

非常放送設備（令第24条）については、事務所ビルには基本的に設置義務はなく、共同住宅では収容人数800人以上が設置義務となっているので、非常警報設備を備えない事務所ビルで、コンバージョン後の居住人口が800人を超える場合

は、新たに非常放送設備の設置が必要となる。

　なお、誘導灯、誘導標識ならびに非常用コンセント設備の設置基準については、事務所ビル、共同住宅での差異はない。

(ハ)　避難器具

　避難器具については、令第5条に設置基準が設けられている。共同住宅には、事務所ビルより厳しい基準が課されているため、コンバージョンにあたっては避難器具の増設が予想される。なお、避難器具の種類については事務所ビル、共同住宅での差異はない。

〈引用文献〉
　「建物のコンバージョンによる都市空間有効活用技術の開発研究／法律及び不動産評価方法の問題に関する調査報告」(2001年)

3───コンバージョンと区分所有

丸山 英気

1 コンバージョンの基礎

　コンバージョンの基礎には、建物を可能なかぎり保存しようとする、ひとびとの考え方がある。一方には、建物が物理的・機能的にふるくなってきたとき（陳腐化）、建物を取り壊して新たな建物を建築しようという考え方がある。ヨーロッパの大きな都会をみると、建物は取り壊さないで修繕・改修して使用するという前者の発想があるようにみえる。この傾向は、都市や社会によって微妙に違ってはいる。たとえば、ロンドンは前者の発想がもっとも強いようにみえる。

　このような発想は、建物の主な素材が石であり、取り壊すのが困難であるから、というところに求めるものが多い。第二次大戦後、都市への集中のため、集合建物が大都市の郊外で数多く建築されたが、評判がよくないにもかかわらず、取り壊さず、改修して使っている例が多い。取り壊されている例は、外国人が沢山住んで、そこから生ずる社会的問題を解決する手段としてのケースが代表的である。

　考えてみると、使い込んでふるくなった物を可能なかぎり修繕・改修して、長く使用しようとするのは、自己のアイデンティティーの維持のための方策と

して重要である。とくに改修は、経済的にみて建替えよりも費用がかかることが少なくない。にもかかわらず、建替えという形の再生を選択しないのは、使い込んできた建物に伝統を発見し、自己のアイデンティティーを維持しようとしているからではないだろうか。

　このような視点から、わが国で盛んになりつつあるコンバージョンをみると、より経済的な視点が強いことを感じる。つまり、建物を業務用として貸していたが、賃借人がいなくなったり、賃料が下落しているので、それへの対応策として建物の用途を居住用にコンバートするという傾向である。金融機関への借入れの返済が重くのしかかっている。したがって、建物所有者の生き残り策としてのコンバージョンが、当面の問題となっているのである。

　このようなコンバージョンも、従来のように、やみくもに建物の再生はすなわち建物の新築でという発想より望ましい発想だといえる。

　なぜなら、建物の取り壊しによってまだ利用できる建物を取り壊すことは国民経済からいうとマイナスである。建物所有者の立場からすると、建替えによって資力の高い賃借人が入ってくることでプラスとはいえ、築きあげられた全体としての富が減るからである。また、建物を取り壊すことで廃材が生じ、その処理費用がかかるなどのマイナスも生じるだけでなく、大都市では廃棄することができる空間が少なくなりつつあるからである。

　そこで現在の建物を、より長く使用しようとする方策が考えられなくてはならない。そのひとつとして、建物の目的を他の目的にコンバートすることが出てくるのである。

　本来からいうと、都市の根本的あり方が建物を使い込み、建物を変化させつつ維持することでアイデンティティーを保つことが政策としてなされる必要がある。この政策は、都市を魅力的にさせ、経済的にも活性化させることになるであろう。

　しかし現在のところ、このような根本的な考え方の転換が起っていないので、ここではとりあえず、個々の建物所有者の生き残り策としてのコンバージョンを対象として検討することにしよう。

2　コンバージョンと金融

(1)　費用の捻出

　コンバージョンを現実に考えるとき、業務用ビルに賃貸借している建物を「全体として」居住用ビルとすることを想定することが一般である（ここでは居住用建物を業務用とするとか、業務用建物を居住用以外の用途にすることは論じない）。建物のコンバージョンとは建物の用途を変えることだと定義するから、一括して用途を変えるという想定は自然である。

　しかし、業務用ビルから居住用ビルに建物の用途を変更しようとするとき、建物に手をいれないで行なわれることは考えにくい。このプロジェクトの大部分がそこでの建築的対応をめぐって作業がなされている。そこでは様々な建築公法（建築基準法、都市計画法など）の規制への建築的対応が必要とならざるをえない。

　問題は、このような対応費用をどこから捻出するかである。建物の所有者が自分の預金からその費用を調達することができれば何の不都合もない。しかし、金融機関から費用を借りるときは様々な困難がある。そして、これが通常の姿であろう。自分の財布から建築的対応費用を捻出できれば、コンバージョンが社会的問題にはならない。

(2)　全部コンバージョン

　建物の1棟を全体としてコンバージョンするにはつぎの方法がある。
① 家主が建物と敷地を所有し、自己の費用で建物を転換してコンバージョンすることである。想定上の最も一般的例である。しかし、実際には、このような形態ではコンバージョンは起りにくいであろう。
② 家主が建物と敷地を所有し、この建物と敷地を別の第三者に売却し、この第三者が業務用から居住用に建物の用途をコンバートすることがある。こ

の場合、この第三者が建物の転換費用を独自に捻出すればよい。
③　また、家主は建物と敷地を所有し、建物に借家権を設定してこれを第三者に賃貸することも考えられるであろう。この場合、この第三者は現実の利用者に転貸するというサブリースがとられることになろう。家主は、家賃収受者となる。
④　さらに、家主が借地上に建物を建築所有し、自ら①と同様にコンバージョンすることである。
⑤　家主が借地上に建物を建築して所有していたが、建物だけを第三者に売却し、第三者がコンバージョンすることである。この場合も、この第三者は現実の利用者に転貸するというサブリースがとられることになろう。

　③の建物賃貸人、借家人、転借家人、④の土地賃貸人、建物賃貸人(借地人)、借家人、⑤の土地賃貸人、建物の売主（旧借地人）、建物の買主（新借地人）、転借人の関係は複雑で、詳細は上原論文にゆずる。

　ここでは、②を対象に、建物と敷地に金融機関の抵当権がついていた場合の譲受人の地位を検討しておこう。一般には、敷地を購入したり、建物を建築したりするとき、金融機関から借入れを受けており、その際、敷地や建物に抵当権が設定される。また、その他の借入れで抵当権が設定されている。抵当権を抹消して、第三者に売却されると、問題は起りえない。しかし、抵当権つきで敷地や建物が売却されると、譲受人は、債務者（譲渡人）が借金を弁済しないと抵当権が実行され、敷地や建物の所有権を失なう可能性がある。

　譲受人としては、抵当権つきの敷地建物を購入しないのが最もよいが、いろいろな事情で購入せざるを得ないことがある。

　抵当権つき不動産の取得者のとるべき方策は2つある。第1は、抵当権の請求する代価を支払って抵当権を抹消することである（民法377条の代価弁済）。これは抵当権者のイニシァティーブによる抵当権消滅である。この方策は、被担保債権が抵当不動産より小さいときでないと行なわれない。第2は、滌除である。抵当権つき不動産の所有者の方から抵当権消滅のための価格を申し出、抵当権者がこれに応ずれば抵当権は消滅する（民法378条）。抵当権者はこれに応ず

る義務はないが、その場合、増価競売手続きに移行し、抵当権つき不動産の第三取得者の申し出た価格より10分の1以上高価で売却できなければ自らその価格で不動産を買い受けなければならないとするものである(民法384条)。この制度は、抵当権つき不動産の第三取得者のイニシァティーブで抵当権の抹消ができる制度であるが、最近の民法の改正で増価競売の制度が廃止され、事実上滌除制度は廃止されてしまった。滌除が使えると、抵当権つきで敷地建物を買い受けることができたが、これができないとなると、危険でこれらを買い受けることができない。とすると、第三者が買い受けてコンバージョンするには、金融機関の理解が絶対的に必要だ、ということになる。

(3) 部分コンバージョン

前項の①の形態で敷地や建物の所有者が自らコンバージョンしようとするとき、転換費用を自ら捻出できないとき、金銭を借りるか、建物の一部を売却せざるをえない。

金銭を修繕費用などに充てるため金融機関から借りるとき、保証人でもいれば格別、そうでない場合は金銭の借主の建物に担保（通常は抵当権である）を設定しなくてはならない。新しい建物なら、保存登記をして担保権を設定すればよい。しかし、コンバージョンの対象となる（なりそうな）建物にはすでに担保権が設定されていることが多いであろう。この場合どうするか。担保目的物である建物の価値一杯に与信がなされていれば、金融機関は貸してくれないであろう。コンバージョンが想定される建物の多くは、このようなケースであろう。与信のためのあきが建物にあっても、後に述べるように当然には金融機関は貸してくれない。

そこで建物の一部を売却することを考える以外にない。つまり、売却した対価でコンバージョンをするための費用を捻出するのである。ここに売却部分と残存部分で所有者を異にする場合が生じ（区分所有）、両者で建物の使用目的が異なるとき部分コンバージョンが生ずる。

⑷ 抵当権からの解放

　建物の一部を売却するには、その部分だけ残存部分から切り離して所有権移転登記をし、対応する敷地への権利の一部を移転登記しなくてはならない。この際、建物では譲渡部分が区分所有の要件を備えていなくてはならない。後述しよう。

　残存敷地建物所有者は、売却代金をコンバージョンに必要な建築的変更のための費用にあてることになる。売却代金の一部は既存債務の弁済にあてることになろう。

　敷地建物所有者が業務用から居住用建物にコンバートしたとき、債権者である金融機関にとってメリットがあるだろうか。建物の一部売却代金で、既存債務のすべてを弁済しおわることは通常は考えられない。建物を全部売っても弁済できないケースも相当あろう。その場合、金融機関はどうすべきか。担保権を実行しないで放置しておくか、思い切って抵当権を実行して損切りをするかのいずれかである。

　前者は、不動産市況の回復を待つということであろうが、この視点では将来性はあまりない。

　最近の判例の発展で出てきた金融機関のとるべき措置は、コンバージョン後に入居する賃借人の賃料に、抵当権に基づいて物上代位とすることである（民法372条、304条）。抵当権者である金融機関は、賃借人の建物賃貸人への賃料払渡し前に差押えをしなくてはならないが、賃借人の支払能力があれば、抵当権の実行をするより、債務不履行となっている債務を弁済してもらえる可能性がある。抵当権者が建物所有者やその譲受人のコンバージョンを認めていく根拠となるであろう。

　後者は、抵当目的物の値下りが続いており、このままにしておいてもどうしようもないので、債務者である敷地建物所有者にきつい措置である。金融機関としては、破産、会社更生、民事再生という法的な措置をとることで抵当権を抹消することも選択のひとつである。一旦抵当権から解放されると、建物自体

は新たな所有者が出現して、その建物を利用できる可能性が出てくる(所有者も1人ではなく、不動産の証券化という、ある種の団体法的処理も考えられるが、ここでは触れない)。建物を手に入れた新たな所有者は、賃料を安くして貸すか、コンバージョンして貸すかなど様々な可能性が出てくる。建物は再生することができ、ひいては都市の再生にもつながる。

どのようにして抵当権から建物や敷地を解放するかは、コンバージョン特有の問題ではない。もっと大きな、いまはやりの不良債権の処理につながる問題ということになる。

問題は、抵当権のついたままで譲受人が現れるかである。抵当権のついた建物を買い取った譲受人がコンバージョンして借家人をみつけて、保証金や敷金を取って賃貸を始めたとする。金銭の借主(元家主)が借金を支払わないと、抵当権が実行され、建物は売却されてしまう。そこで一般には、建物の一部を売却するにしても抵当権を消さないと譲受人は現れない。そのような危険を引き受ける譲受人は経済合理性からいってありえない。

先に述べたように、これに対応する譲受人の措置が現在のところなく、売却代金で金融機関の債務を弁済するか、新しい賃借人の家賃を提供するかしか方法がなく、コンバージョンには困難がある。

(5) 収益的発想

抵当権のついていない建物をコンバージョンしようとする場合、対応費用を金融機関が貸してくれるかどうかのポイントは、そこから生ずる収益である。金融機関にとって一時に全部を返してもらうことはできなくても、徐々に収益から返してもらうことはメリットだからである。この収益をもって一定期間内に返済できるかどうかが基準となる。ここでは建物の買取りを念頭に置いているが、建物所有者が金融機関から金を借りようとする場合も同じである。また、証券化を考えるときも同じ思考が働く。

このような収益いかんが金を貸す場合の基準となるという考え方は、従来、わが国の金融機関では一般ではなかった。従来は、担保があるかどうかが重要

であった（担保主義）。

　しかし金融という現象がグローバル化してくると、アメリカでの考え方であるそこから生ずる収益こそが貸付けるかどうかを左右するものであるとの考え方が強くなってきている。もっとも、従来の金融機関（とりわけ銀行）は現在でもこのような発想になじんでいるとはいえない。そのことが現在の不振と将来のあり方を暗示している。

3　区分所有の成立条件

(1)　コンバージョンの区分所有

　1棟の建物の一部だけをコンバージョンしようとすることも現実的にはありうる。たとえば、5階建の業務用ビルの1階だけを業務用として残して、2階以上を住居にするという如きである。この場合、1棟全体の建物の所有者が変わらない場合は区分所有にする必要はない。建物所有者が、1階だけを自分が利用し、2階以上の居住部分は他人に賃貸するという場合である。しかし、1階の店舗と5階の自己用居住部分を留保して、2階から4階までを居住用に改造し、それぞれ売却するとなると、1階から5階までを区分所有としなくてはならない（あるいは1階と2階から4階そして5階と、3つに区分所有しなくてはならない）。これに伴って、敷地利用権も譲渡しなくてはならない。一般には相応の敷地利用権を準共有し、その一部を2階、3階、4階の区分所有者に譲渡しなくてはならない。留保者である1階および5階の区分所有者が敷地利用権を単独で所有し、2階、3階、4階の区分所有者に借地権を設定するということもあろう。

(2)　区分所有権の対象

　建物の一部分を専有部分として所有権の対象とするには、区分所有法1条の要件を満たしていればよい。1棟の建物に構造上区分された数個の部分で、独

立して住居、店舗など建物としての用途に供することができれば、区分所有権の対象である専有部分とすることができる。前者の、構造上区分されているという条件を、講学上で、構造上の独立性といい、後者の、独立して建物の用途に供することができるという要件を利用上の独立性という。専有部分とするためには、両者が備わらなくてはならない。この両者が備わると、所有権の登記ができ（保存登記）、移転もできるし（移転登記）、そこに抵当権が設定できる（抵当権設定登記）。そこでの手続きは別稿に譲る。

(3) 構造上の独立性

　構造上の独立性とは、出入口を除いて四方を壁（ないし類似の隔壁）によって囲まれていることである。居住用空間の場合は、この要件は厳格となる。住居ではプライバシーが要求されるからである。ここでいう類似の隔壁とは、ドアーや窓などをいう。たとえば、2階全部を1つの区分所有とするときは、この要件を満たすことは比較的にやさしい。四方が壁か、三方が壁となっていることが多いからである。そこで一方（ないし二方）のみにドアーをつければよいからである。2階を2つに分けて分譲するときは隔壁が必要となろう。

　ここでドアーが隔壁になるかを検討しておこう。ドアーは壁のように固定的に常時他への空間（たとえば共有部分）と遮断されていない。登記先例では、ドアーによる仕切りで区分所有が成立するとしている（木製ドアーでもよいとする。昭和41年12月7日民事甲第3317号民事局長回答）。さらにシャッターによっても構造上の区分所有が成立するという（昭和42年9月25日民事甲第2454号民事局長通達）。

　ドアーやシャッターが構造上の独立性を満たすかは、たとえば2階部分を4つに区切るときに問題となる。とくに商業ビルではシャッターだけで区分所有が成立していたが、居住用に変換してもそれでよいか、である。居住用建物ではプライバシーの要求が高いので否定的に考えるべきであろう。

(4) 利用上の独立性

　利用上の独立性とは、居住空間では便所、台所、風呂場などが備えられていて、そこだけで生活できることをいう。便所や台所が共用という場合は、利用上の独立性を欠くといわざるをえない。業務用ビルを居住用に変換する場合、それぞれの専有部分に便所や台所、そして水道管、ガス管、そして排水管等などを備えることが必要である。また、利用上の独立性には、他の専有部分を通らずに公路に到達できなくてはならない。一般には、廊下を通って公道に通ずるから、この種の廊下に専有部分からつながることが必要となる。

(5) 無隔壁区分所有

　構造上の独立性という要件を満たすため、業務用として、たとえば2階をいくつかに区分所有しようとする場合、隔壁がどうしても必要だろうか。シャッターではだめか、床にしるしを付けるだけではだめか、という問題である。
　このようなことが問題となるのは、業務用建物においてである。商業用空間では、壁を使って小さく区切ることは客の視角を小さくしてマイナスになるのではないか。客は2階の商業空間に入ってきて、どんな店舗があるか一望できることがこの空間価値を高めるのではないか。しかし区分所有の理論によると、構造上の独立性が必要だとすると、そのような要請とは衝突する。少なくとも、建物が居住目的のときは、区分所有の成立は否定せざるをえない。

4　一部共用部分

(1) 問題性

　たとえば、1階を店舗として区分所有し、2階以上を住居としてそれぞれ区分所有する典型例で考えよう。この場合、2階以上の居住者のみが利用するエレベーターが設置されていると、エレベーター室、エレベーター自体は2階以

上の区分所有者の一部共用部分となると考えるのが一般であろう。

　もっとも、1階の店舗所有者・利用者もエレベーターを利用することもありうるから(たとえば友人である5階の区分所有者を訪問する)、エレベーター室やエレベーターは一部の区分所有者のためだけでなく、全体の共用部分だとの考え方も誤りだとはいえない。

　区分所有法は一部共用部分を積極的に定義していない。したがって、規約などの特別の定めがなければ、解釈によって決するほかないのである。

　先にあげた典型例でも、全体共用部分と一部共用部分の区分はやっかいである。

　全体共用部分と一部共用部分をなぜ区分するか。おそらく、誰がその部分を管理するか、誰がその部分の負担（たとえば修繕費）をするか、との係わり合いで問題となるであろう。

　2階以上の区分所有者は、一部共用部分だとすると、エレベーター室やエレベーターの管理のための団体を構成すると同時に、廊下や外壁そして基礎などの全体共用部分の管理のためには1階区分所有者と2階以上の区分所有者が団体を構成する。

　このようにみると、共用部分を詳細に分けることで管理費負担、管理のしかたをより合理的にしようとするものである。

　しかし、ここでのエレベーター室やエレベーターが全体共用部分か、一部共用部分かの決定的基準は存しないようにみえる。

　それゆえに、全体共用部分か、一部共用部分かを規約によって、あらかじめ決めておくか、費用負担を業務用建物と居住用建物で合理的に区別しておくことが、建物全体の管理のために必要である。

(2)　コンバージョンと管理

　コンバージョンによって建物全体の用途が変化する。従来、業務用だった建物が居住用に変化するので管理のしかたも変化する。

　建物全体を業務用賃貸ビルとしていた場合、管理費は一般には賃料の中に含

まれているであろう。しかし、コンバージョンの結果、一部は業務用、一部は居住用と変化する場合、管理費をどう負担するか、誰が管理をするかでやっかいな問題がでてくる。(1)の例では、１階の業務用区分所有者がリードして負担や管理方法を定める場合、１階区分所有者の眼でみてしまい、紛争が生じかねない。逆に２階以上の居住用建物の区分所有者がリードするとき、１階の区分所有者の利益と衝突しかねない。ここにコンバージョンと管理の問題がでてくる。また、１階の業務用区分所有者がその部分を他人に賃貸すると、２階以上の現実に居住している区分所有者と１階の現実に使用していない区分所有者で管理をめぐって利益の調整が必要となる。場合によっては法律論の問題ともなる。

4 ──── 借地権とコンバージョン

上原 由起夫

1 どの程度のコンバージョンやリノベーションであれば地主の承諾が必要か

(1) まず借地契約に借地条件があるかどうかであり、土地賃貸借（または地上権設定）契約書があれば、その確認が必要である。

借地条件がある場合、借地条件の変更について地主の承諾が得られないとき＝契約当事者間に協議が調わないときは、裁判所に借地条件の変更を申し立てることになる。

借地契約を締結する際に借地人が建てる建物を、店舗とか居住家屋とか建物の種類を制限する特約をしたのに、借地人がそれに違反した建物を建ててしまったならば、地主は土地の用方違反を理由に借地契約を解除することができるからである。

下級審の判決に、住居の用に供する建物の敷地に、借地人が営業用の瓦を保管するための建物および工作物を築造し、再三にわたる撤去の要求にも応じなかった場合には、地主は敷地の保管義務違反を理由として、賃貸借契約を解除できるというものがある。居住用として貸したのにアパートを建てたから解除できるかは微妙な問題とされる。権利金や地代がかなり安いという客観的事情

がなければ、建物の種類を制限する特約があったとはいえないということにもなるが、近所が高級住宅地でアパートを建てるとは考えられないという事情があれば、暗黙のうちに建物の種類を制限する特約がなされたとみられるかもしれないということである[1]。

　最高裁昭和41年4月21日判決（民集20巻4号720頁）は、増改築禁止の特約がある場合でも、借地人が建物の2階部分6坪を拡張して総2階造り14坪とし、2階居室全部をアパートとして他人に賃貸するよう改造したケースにつき、建物の同一性を損なわないとして解除を否定した。正当な対価を支払った借地人が、自己の才覚で家屋を他人に賃貸してもうけたとしても、地主との間の信頼関係を破壊するおそれがないとみているからである[2]。

　平成元年3月に法務省民事局参事官室から公表された「借地法・借家法改正要綱試案」では、建物の種類等に関する借地条件の変更について、「現行法第8条ノ2第1項は、堅固でない建物を所有する旨の借地条件があるにもかかわらず事情の変更により堅固な建物の所有を目的とすることが相当となった場合におけるその借地条件の変更につき規定しているが、試案においては、堅固な建物の所有を目的とする借地権と堅固でない建物の所有を目的とする借地権との取扱いの差を廃止することとしているから、この規定をそのまま維持することは、適当ではない。

　借地上に築造すべき建物の種類、構造又は規模を制約する特約がされることは少なくないが、借地権者が借地上にどのような建物を建てるかにつき土地所有者は重大な利害を有するから、このような特約は、原則として有効であると解される。しかし、このような借地条件が事情の変更により不当な拘束となる場合があり得る。そこで、試案では、現行法の借地条件変更の規定をより一般化して、建物の種類、構造又は規模を定める借地条件が事情の変更により改められるべき場合についての規定とすることとしている。

　現行法においては、借地権者のみならず、土地所有者も借地条件変更の裁判の申立権者となり得ることとなっているが、土地所有者が建物の種類等について有する利益は、土地の収益力の観点からであるから、賃料増額の問題として

扱うべきであり、借地条件自体の変更については、借地権者のみが申し立てることができるとすべきであるとの考え方もあり得る。しかし、現行法が土地所有者の申立てを認めていること、濫用のおそれに対する危惧については、土地所有者側からの申立てがあった場合における借地条件変更の相当性について裁判所は慎重に判断せざるを得ないであろうことを考慮し、試案は、現行法の立場を維持することとしている」と述べる(3)。こうして、借地借家法17条の規定が誕生することになる。

　平成4年8月1日から、借地借家法が施行されているが、コンバージョンの対象となる建物はそれ以前の借地契約によるものが通常であろう。借地借家法附則10条(借地条件の変更の裁判に関する経過措置)によると、「この法律の施行前にした申立てに係る借地条件の変更の事件については、なお従前の例による」と規定しているので、借地借家法施行前にすでに申立てがなされている借地条件変更の事件は、旧借地法8条ノ2により処理される。

　借地借家法施行前に設定された借地契約でも、平成4年8月1日以後に申立てがなされた借地条件変更の事件は、借地借家法17条が適用されるので、旧借地法8条ノ2を承継した借地借家法17条について検討する必要がある。

(2)　借地借家法17条1項は、「建物の種類、構造、規模又は用途を制限する旨の借地条件がある場合において、法令による土地利用の規制の変更、付近の土地の利用状況の変化その他の事情の変更により現に借地権を設定するにおいてはその借地条件と異なる建物の所有を目的とすることが相当であるにもかかわらず、借地条件の変更につき当事者間に協議が調わないときは、裁判所は、当事者の申立てにより、その借地条件を変更することができる」と規定する。

　事務所を居宅に変更するのがコンバージョンの主たる目的であるから、建物の種類がまず該当する(4)。建物の種類は、建物の主たる用途により区分されているからである（居宅・店舗・寄宿舎・共同住宅・事務所・旅館・料理店・工場・倉庫・車庫・発電所・変電所）。

　建物の構造については、まず構成材料により、木造・土蔵造・石造・れんが造・コンクリートブロック造・鉄骨造・鉄筋コンクリート造・鉄骨鉄筋コンク

リート造に区分される。非堅固建物を堅固建物に変更する場合も、この建物の構造に該当する。次に屋根の種類により、かわら葺・スレート葺・亜鉛メッキ鋼板葺・草葺・陸屋根に区分される。

階数により、平屋建・2階建（3階建以上はこれに準ずる）に区分される。平屋建を2階建にした場合、床面積が増加すれば増築になるが、本項で処理する。

建物の規模は、床面積と考えればよい。

建物の用途の制限としては、自家営業用に制限され、貸事務所にはできないという場合もありうる。

同条2項は、「増改築を制限する旨の借地条件がある場合において、土地の通常の利用上相当とすべき増改築につき当事者間に協議が調わないときは、裁判所は、借地権者の申立てにより、その増改築についての借地権設定者の承諾に代わる許可を与えることができる」と規定するので、コンバージョンで該当する場合も出てこよう。

同条3項は、付随的裁判として、「裁判所は、前二項の裁判をする場合において、当事者間の利益の衡平を図るため必要があるときは、他の借地条件を変更し、財産上の給付を命じ、その他相当の処分をすることができる」と規定している。

「他の借地条件の変更」とは、堅固建物築造許可の裁判ならば、借地権の存続期間の延長であるが（堅固建物築造許可の裁判の確定の日から30年というのが多かった）、コンバージョンは建替えではないので、これは該当しない。

「財産上の給付」について、裁判所は、借地条件変更の裁判をする場合、借地権設定者がこうむる不利益と借地権者が得る利益とのバランスをはかるため承諾料の支払いを命ずることがある。その根拠として、①不利益補塡説（借地条件の変更により借地権設定者がこうむる不利益を、利益を受ける借地権者に補塡させるべきものであるとする）、②利益調整説（借地条件の変更により借地権者の受ける利益の全部またはその一部を借地権設定者に対し支払わせることにより利益を調整する）、③総合説（借地権設定者のこうむる不利益と借地権者の受ける利益とを総合的に較量し当事者間の利益をはかる）があるが、③総合説が妥当とされている[5]。

増改築がなされ、借地権の存続期間の延長を伴うときには、給付額がかなり高くなるとされるが、定期借地権の場合は、存続期間延長の付随処分はなされないから、財産上の給付額は低い(6)。

(3) 増改築許可の裁判について

増改築禁止特約は、借地上にすでに建物が存在している場合にのみ、締結されるのであり、更地の賃貸の場合には、築造されるべき建物の規模・構造・材質等が詳細に限定されることはありえても、増改築禁止特約はありえない。

増改築禁止特約が考えられるのは、主として①土地建物所有者が建物のみまたは土地のみを譲渡し、建物譲渡人のために、または土地譲受人によって、借地権が設定される場合、②借地人ないし土地不法占拠者が土地上の所有建物を第三者に譲渡し、この譲受人が土地所有者とあらためて借地契約を締結する場合、③すでに建物を土地上に有する借地人ないし土地不法占拠者があらためて土地所有者と借地契約を締結する場合などである(7)。

増改築禁止特約は、既存の建物をそのままの形で所有することのみに借地の目的を制限しようとするものである。

増改築禁止特約のある場合は、増改築着手以前に申立てをなすべきであり、増改築後の申立ては原則として許されない。工事が開始されても、許可されないときは原状回復が容易である時期ならば、申立ては認められる。

増改築とは、建増し（床面積の増加。増築）・付属建物その他の建物の新築・同じ場所での建替え（改築。従前の材料を用いるならば「再築」）・借地上の別の場所への移築であるが、大改修・大修繕も、禁止されている場合には、「増改築」に含まれる(8)。

(4) 担当機関

① 裁判所

申立権者が借地非訟事件手続の申立てをなしうる裁判所は、地方裁判所だけでなく簡易裁判所でもよい。しかし、簡易裁判所に申立てをするには当事者の合意が必要である。簡易裁判所は目的地に近い場合が多く、鑑定委員の顔ぶれも地方裁判所と変わらないのだから利用すべきだといわれて

いる(9)。

②　鑑定委員会

　　鑑定委員会の構成は、弁護士1名、不動産鑑定士1名、学識経験者1名以上である。

2　地代の改定は必要か

　増改築禁止特約が存在すると地代が低額に抑えられるので、増改築が許可されると効用増・収益増、快適性の向上により、地代の増額が命じられると考えられる。しかし、増改築の許可された借地の地代額は、近隣の同種の土地の地代額、当該土地の位置・地形・状況等の客観的諸事情、当事者の主観的諸事情等、一切の事情を考慮した上で決定されるのであるから（借地借家法17条4項）、地代増額を認めない例も多いとのことである(10)。

　継続地代とは、引き続き借地をしている場合の地代であり、新規に土地を借りる場合の新規地代とは、支払額も異なるが、地代についての考え方が基本的に異なる。

　新規地代は、借地契約を締結するか否か、契約内容をどのように定めるかについても借地借家法に違反しないかぎり自由である。地代の額をいくらと定めるか、借地権の設定にあたり権利金を支払うか否か、支払うとした場合その額をいくらと定めるかは当事者の合意による。

　継続地代は、借地契約が継続している間の地代のことをいい、借地契約の内容、経緯、土地の利用状況、その他借地契約当事者の主観的事情（借地人の老齢、病弱、貧困など）等を考慮した当該借地契約当事者間において適正な地代である(11)。

　借地人が借地契約で決めた目的または方法以外の使用に変更する場合には、地主は地代の値上げを請求することができるかということである。

　コンバージョンは、事務所用建物を居住用建物に転換するのであるから、目的の変更に該当する。増改築は、方法の変更に該当する。

地主の不利益を考慮して、裁判所は地代の値上げ・増額の処分を命ずることができる。増改築禁止特約があることによって、地代が低額に抑えられていたということもあり、建物の効用が増し、環境の向上という利益を借地人が享受するのであるから、地代値上げにも合理性がある。裁判所は一切の事情を総合的に考慮するのであるから、地代の増額が認められない場合もある。最近地代が増額されたばかりとか、近隣の地代水準以上であるという場合である[12]。

3　定期借地権を用いた場合

平成4年8月1日以降の借地契約では、定期借地権の設定が可能になった。

旧借地法では、借地権は存続期間が満了しても、それで消滅するわけではなく、地主に正当事由が備わらないかぎり、さらに契約が更新されるので、更新されることが原則であるかのような取り扱いであった。

それに対して、最初に定めた期限が到来すれば、契約が更新しないで終了するというのが、定期借地権である。定期借地権には、次の3類型がある。

① 存続期間を50年以上とする一般定期借地権（借地借家法22条）
② 30年以上の期間の経過後に借地上の建物を借地人から地主に譲渡することをあらかじめ約束して借地をする建物譲渡特約付借地権（借地借家法23条）
③ 事業用建物を建てるために存続期間を10年から20年までの間で定める事業用借地権（借地借家法24条）

(1) 一般定期借地権の場合

存続期間が50年以上ならば、借地の目的は問わないので、店舗・事務所などの事業用の建物であろうと住宅であろうとかまわない。

一般定期借地権を設定する際に当事者が、①更新がないこと、②建物の再築による期間の延長がないこと、③建物買取請求をしないことを特約することによって更新がないことになる。

一般定期借地権が設定された土地に建てた建物を賃貸する場合、存続期間が終了した時点で、建物を取り壊すことになるのであるから、「取壊し予定の建物の賃貸借」（借地借家法39条）の特約をしておけばよい。もっとも、現在では、定期借家制度（借地借家法38条）が認められているから、その方がよいであろう。

(2)　建物譲渡特約付借地権の場合

　一定の期間の経過後に土地は地上の建物（地主が買い取る）付きで地主に返還されるが、建物の利用関係は地主が承継するというものである。土地信託や事業受託方式と同様の発想である。

　建物譲渡特約付借地権を設定するには、借地契約（普通借地権または一般定期借地権）とともに建物譲渡特約をすることが必要である。借地契約の期間満了時と建物譲渡時は一致する必要がないから、50年の一般定期借地契約で、借地権設定後、30年後で地主が申し出たときに建物を譲渡するという特約も可能である[13]。

　譲渡の対価は、建物の所有権の移転に見合った相当なものでなければならない。相当性の判断の前提となる建物の価値には、場所的要素も加味されるが、借地権価格は含まれない。譲渡時の建物の時価ならば、相当な対価ということになる[14]。

　コンバージョンによって、建物の時価が上昇することもあるが、返還後の建物の利用関係が収益性の点でプラスならば、地主にとっても有利であろう。

(3)　事業用借地権の場合

　目的がもっぱら事業用（住宅事業は除く）の建物の所有であり、期間が10年から20年までの間の期間として設定されることが要件である。公正証書で契約をしなければならない（借地借家法24条）。

　事業は、営利事業にかぎらず、公益法人や公法人の事業も含まれる。事業用でも住宅は除かれるから、賃貸マンションや社宅を建設するために設定することはできない。一部でも居住用に使われる部分があれば認められない[15]。

コンバージョンは、住宅に転換するのであるから、もっぱら事業用（住宅事業は除く）というところで、要件を充たさないので、事業用借地権の場合は不可能ということになる。

4　建替えとの比較

(1)　建替承諾料について

　旧借地法では、建物の構造（堅固か非堅固か）によって借地条件が異なるので、借地上の建物の建替えは、従前の木造建物を木造建物に建て替える「増改築による建替え」と、木造建物を鉄筋コンクリート造りのビルに建て替えるような「条件変更による建替え」に分けられた。
　そこで、非堅固建物から堅固建物への建替えは、借地条件が変更されることになり、地主の承諾なく建て替えてしまうと、契約違反となり、契約を解除されてしまうことになった。
　借地契約に増改築を制限する旨の特約が定められているときは、構造を変更しないで木造建物を木造建物に建て替える場合も、地主の承諾がないと無断増改築として契約を解除されることになる。地主の承諾を得るためには、増改築承諾料を支払うことになるが、地主が承諾に応じないとか、地主の要求する承諾料が高すぎるときは、裁判所に増改築の許可の裁判を申し立てることになる。裁判所は、当事者の利益の衡平を図るため必要と認めるときは財産上の給付を命じることができる。
　増改築承諾料の性質について、わが国の借地の賃料額は地価の上昇を著しく下回り、賃貸人の貸し損、賃借人の借り得の状態になっているが、増改築禁止特約は、建物の早期朽廃による借地権消滅を目的とする面があり、増改築の承諾をすることにより失われるこれらの利益を補塡するものとして、承諾料の名目で不足賃料の一部を回収するものである。
　非堅固建物を堅固建物に建て替える場合、地主には原則として承諾義務はな

いので、承諾料も条件変更を承諾する地主側の一方的裁量でよいはずであるが、条件変更承諾料の性質については、借地を堅固建物に利用できることによる超過利潤の一部を地主に分与するものであるとか、強固な権利が創設されるための一種の権利金であるとかいわれている。

　増改築承諾料は、新築で、従前の建物と利用方法および床面積がほぼ同一であり、過去に権利金、更新料等の一時金の授受がなく、借地権の長短、現存の建物の老朽度その他から近い将来借地権消滅の可能性がなく、さらに過去の賃料がほぼ適正であった場合、更地価格の３％とする例が多く一応の基準となっている（東京地裁借地非訟部決定）。

　条件変更承諾料割合は更地価格の10％程度とされる[16]。

(2)　金融との関係

　借地人が、借地上の建物に抵当権を設定することは可能であるが、抵当権が実行された場合を考えると、地主の承諾を得ておく必要がある。第三者がこの建物を競売により取得した場合、その第三者が土地の賃借権を取得しても借地権設定者（地主）に不利となるおそれがないにもかかわらず、借地権設定者が土地の賃借権の譲渡を承諾しないときは、裁判所は、その第三者の申立てにより、借地権設定者の承諾に代わる許可を与えることができること、および、許可の裁判の申立てがあった場合において、借地権設定者自身が自ら建物の譲渡および土地賃借権の譲渡を受ける旨の申立てをしたときは、裁判所は、借地権設定者に建物の譲渡および土地賃借権の譲渡を命ずることができるので（借地借家法20条）、借地上の建物を担保にして、融資を受けることが可能となる。借地権が地上権であると、地上権自体が抵当権の目的となるのであるが（民法369条２項）、土地賃借権であると抵当権の目的とならないので、借地上の建物に設定した抵当権の効力が従物に及ぶように（民法87条２項）、賃借権にも「従たる権利」として及ぶことになる。

　こうして、実務上は、借地抵当（借地権の担保化）が実現していることになる。

5 正当事由について

普通借地権は、定期借地権と異なり、存続期間（30年以上）が満了しても原則として更新するということが重要である。

(1) 合意更新

最初の更新に限り20年で、2回目以降の更新は10年とされた。当事者がこれより長い期間を定めたときは、その期間とする（借地借家法4条）。

(2) 法定更新

① 借地人による更新請求

建物が存在するかぎり可能である。地主が遅滞なく異議を述べなければ、従前の契約と同一の条件（期間以外）で契約を更新したものとみなす。建物のない場合は当事者の合意による更新をするほかない（借地借家法5条1項）。

② 使用の継続による更新

建物が存在することが要件である。地主が遅滞なく異議を述べなければ、従前の契約と同一の条件（期間以外）で契約を更新したものとみなす（借地借家法5条2項）。

(3) 借地契約の更新拒絶の要件

借地権設定者のする借地契約の更新に対する異議（更新拒絶）には、正当事由が必要である。

「前条の異議は、借地権設定者及び借地権者（転借地権者を含む。以下この条において同じ。）が土地の使用を必要とする事情のほか、借地に関する従前の経過及び土地の利用状況並びに借地権設定者が土地の明渡しの条件として又は土地の明渡しと引換えに借地権者に対して財産上の給付をする旨の申出をした場合

におけるその申出を考慮して、正当の事由があると認められる場合でなければ、述べることができない」と規定する（借地借家法6条）。

旧借地法4条1項但書は、「土地所有者カ自ラ土地ヲ使用スルコトヲ必要トスル場合其ノ他正当ノ事由アル場合ニ於テ遅滞ナク異議ヲ述ヘタルトキハ此ノ限ニ在ラス」と規定していた。

平成元年3月に法務省民事局参事官室から公表された「借地法・借家法改正要綱試案」では、契約の更新拒絶等と正当事由について、以下のように説明していた。

「『正当事由』は、現行法上、借地関係が終了するかどうかを判定する場合のかぎとなっている。すなわち、現行法においては、借地権の存続期間が満了した場合においても、借地上に建物が存する以上、土地所有者が借地権者からの更新の請求に対して更新を拒み、又は借地権者が借地権の存続期間の満了後に土地の使用を継続するのに対して更新を阻止するため土地所有者が異議を述べるには、自らその土地を使用することを必要とする場合その他正当の事由がある場合であることを要するとされている（第4条第1項、第6条第2項）。

この『正当事由』方式は、借地権の存続期間が満了した場合において、なお建物が存在するときに、期間の満了をもって借地関係を終了させるか、又はこれを引き続き存続させるかを、その当時における当事者双方の具体的事情に応じて適正・妥当に決することができる制度として、基本的には合理的なものと考えられ、借地借家制度の基本として定着していることもあって、この仕組みを根本から改めようという意見はわずかにすぎない。試案では、この方式を基本的には維持することとし、既に述べたとおり、新たに、更新後の存続期間中に建物が滅失した場合に、土地所有者が解約申入れ等をするについても、正当事由の存在を要件とすることとしている」と。

正当事由の内容については、「ところで、この『正当事由』方式を基本的には維持すべきであるとしても、現行法では、『正当事由』の例示として自己使用の必要性が掲げられているにとどまるため、その他にどのような事由が正当事由と評価されるのかが全く明らかでない。裁判実務をみても、様々な事情が斟酌

されるに至っているが、どのような要素が基本となるのかすら明らかでない。この不明確性が、当事者の将来に対する予測を困難にし、また、当事者間の借地関係の終了をめぐる円満な解決を妨げる要因となっており、批判の集中するところである。『問題点』に対する意見でも、これを明確化すべきであるとの主張は、極めて多数にのぼった。

　正当事由を明確化する方法としては、ある事由があればそれだけで正当事由の存在が肯定されるような、いわば絶対的な事由を列挙する方法と、正当事由の有無の判断に当たり考慮されるべき諸要素を列挙する方法とがあり得る。絶対的事由がいくつか列挙できるのであれば、予見可能性の面で優れており、明確性はかなり高まるであろう。『問題点』に対する意見でも、この方向を支持するものが少なくない。しかし、このような明確な絶対的正当事由を想定することは、かなり困難である。例えば、代表的な試みである35年要綱案は、『借地権者が正当な事由なくして当該土地を使用していないとき』、『土地所有者が借地権者に比較して当該土地を使用すべきより切実な必要を有するとき』など4つの事由をいずれも独立の正当事由として挙げているが、そこでも、土地を使用していないことについての『正当な事由』とは何かについての判断や、土地所有者が土地を使用するについてのより切実な必要性の判断を、その土地の利用状況や一般的な土地の供給状況など他の事情と切り離して行い得るかは疑問であり、明確性の高まりには限度があるとの印象を否定し難い。また、絶対的な事由として挙げられている事由を満たす場合は限られており、その事由のそれぞれに少しずつ欠けている場合など、正当事由があるといい得るかを総合的に判断することが相当である場合が多く残されることも、認めざるを得ないであろう。現に、35年要綱案でも、この点を考慮して、このような4つの事由のほか『その他これに準ずる正当な事由』を挙げている。そこで、試案では、むしろ実務で定着している総合判断方式の手法を正面から認め、正当事由の判断に当たり考慮される要素のうち基本的なものを明らかにするとの方向をとることとしている。

　試案では、正当事由の判断に当たり斟酌されるべき諸要素として、現行法が

挙げている『土地所有者が土地の使用を必要とする事情』のほか、『借地権者が土地の使用を必要とする事情』、『借地に関する従前の経過』、『土地の利用状況』、『土地の存する地域の状況』を挙げ、更に『その他一切の事情』も考慮されることが明らかにされている。ここで挙げられた諸要素は、いずれも判例等で正当事由の判断に当たり考慮されるべきものとされた代表的なものに他ならない。『土地の使用を必要とする事情』を斟酌する場合には、他に適当な代替の土地、建物があるかどうかの検討も重要となろう。この関係で、代替の土地等そのものではなく、立退料等の名目の財産的給付を行うことにより正当事由をいわば補完するとの実務慣行があるが、この点については、試案では、次項で詳しく説明するとおり、借地関係の終了に伴う利害調整として独立に検討されている。『借地に関する従前の経過』としては、具体的には、借地権の設定の事情、いわゆる権利金や更新料の支払の有無及び額、契約上の義務の履行状況などが考慮される。『土地の利用状況』としては、借地上の建物の種類、用途、構造、規模、物理的な状態などが考えられ、また、『土地の存する地域の状況』としては、都市計画上の用途地域のように法律上のものばかりでなく、商業地域であるか住宅地域であるかといった事実上の状況も含まれる」と[17]。

　借地人がコンバージョン事業を遂行できないが、地主に可能な場合には、正当事由を認めて、地主に土地を返還することも考えられてよいであろう。

(1)　鈴木禄弥・高島良一・佐藤繁・山崎敏彦編『[新版]借地の法律相談』〔石田喜久夫執筆〕342頁以下（有斐閣、1991）
(2)　判旨は、次のとおりである。「一般に、建物所有を目的とする土地の賃貸借契約中に、賃借人が賃貸人の承諾を得ないで賃借地内の建物を増改築するときは、賃貸人は催告を要しないで、賃貸借契約を解除することができる旨の特約があるにもかかわらず、賃借人が賃貸人の承諾を得ないで増改築をした場合においても、この増改築が借地人の土地の通常の利用上相当であり、土地賃貸人に著しい影響を及ぼさないため、賃貸人に対する信頼関係を破壊するおそれがあると認めるに足りないときは、賃貸人が前記特約に基づき解除権を行使することは、信義誠実の原則上、許されないものというべきである。

　　以上の見地に立って、本件を見るに、原判決の認定するところによれば、上告人は被上告人に対し建物所有の目的のため土地を賃貸し、両者間に建物増改築禁止の特約が存在し、被

上告人が該地上に建設所有する本件建物（2階建住宅）は昭和7年の建築にかかり、従来被上告人の家族のみの居住の用に供していたところ、今回被上告人はその一部の根太および2本の柱を取りかえて本件建物の2階部分（6坪）を拡張して総2階造り（14坪）にし、2階居宅をいずれも壁で仕切った独立室とし、各室ごとに入口および押入を設置し、電気計量器を取り付けたうえ、新たに2階に炊事場、便所を設け、かつ、2階より直接外部への出入口としての階段を附設し、結局2階の居室全部をアパートとして他人に賃貸するように改造したが、住宅用普通建物であることは前後同一であり、建物の同一性をそこなわないというのであって、右事実は挙示の証拠に照らし、肯認することができる。そして、右の事実関係のもとでは、借地人たる被上告人のした本件建物の増改築は、その土地の通常の利用上相当というべきであり、いまだもって賃貸人たる上告人の地位に著しい影響を及ぼさないため、賃貸借契約における信頼関係を破壊するおそれがあると認めるに足りない事由が主張立証されたものというべく、従って、前記無断増改築禁止の特約違反を理由とする上告人の解除権の行使はその効力がないものというべきである。」

(3) 法務省民事局参事官室編『借地法・借家法改正要綱試案』別冊NBL21号26頁（1990）
(4) 広中俊雄編『注釈借地借家法』〔生熊長幸執筆〕887頁以下（有斐閣、1993）による。
(5) 水本浩・遠藤浩編『基本法コンメンタール／新借地借家法』〔石外克喜執筆〕56頁（日本評論社、2000）
(6) 広中・前掲注(4)891頁
(7) 鈴木禄弥『借地法（下巻）』730頁以下（青林書院、1971）
(8) 幾代通・広中俊雄編『新版注釈民法(15)債権(6)』〔鈴木禄弥・生熊長幸執筆〕496頁（有斐閣、1989）
(9) 水本・遠藤編・前掲注(5)54頁
(10) 鈴木・高島・佐藤・山崎編・前掲注(1)〔良永和隆執筆〕100頁以下
(11) 鈴木・高島・佐藤・山崎編・前掲注(1)〔澤野順彦執筆〕84頁以下
(12) 鈴木・高島・佐藤・山崎編・前掲注(1)〔良永和隆執筆〕100頁以下
(13) 借地借家法制研究会編『新訂版一問一答新しい借地借家法』106頁（商事法務研究会、2000）
(14) 借地借家法制研究会・前掲注(13)105頁
(15) 借地借家法制研究会・前掲注(13)115頁
(16) 以上、鈴木・高島・佐藤・山崎編・前掲注(1)〔澤野順彦執筆〕357頁以下による。
(17) 法務省民事局参事官室編・前掲注(3)26頁以下

5 借家権とコンバージョン

上原 由起夫

1 正当事由制度

(1) 旧借家法が適用される場合

　平成4年7月31日までに契約した場合には、旧借家法が適用される。建物賃貸借契約の更新拒絶・解約申入れに関する経過措置として、借地借家法の附則12条は、「この法律の施行前にされた建物の賃貸借契約の更新の拒絶の通知及び解約の申入れに関しては、なお従前の例による」と規定している。そこで、旧借家法1条ノ2の規定が適用されることになる。

　旧借家法1条ノ2は、「建物ノ賃貸人ハ自ラ使用スルコトヲ必要トスル場合其ノ他正当ノ事由アル場合ニ非サレハ賃貸借ノ更新ヲ拒ミ又ハ解約ノ申入ヲ為スコトヲ得ス」と規定している。

① 期間の定めのある場合

　期間が賃料据置期間の趣旨を含んでいる場合が多く、期間満了時に賃料値上げが行われるのが通常であったが、最近は、その機会に賃料値下げが借家人から要求されることもある。

　合意の更新がない場合でも、法定更新がある(旧借家法2条)。法定更新の要件

は、(a)建物の賃貸借が終了したこと、(b)当事者が、期間満了前6か月ないし1年以内に相手方に対して更新拒絶の通知または条件を変更しなければ更新しない旨の通知をしないとき、(c)正当事由がないと契約は更新される、(d)更新拒絶の通知がなされた場合であっても、期間満了後賃借人が建物の使用または収益を継続しているときは、賃貸人が遅滞なく異議を述べないことである。法定更新の効果は、前の賃貸借契約と同一の条件をもってさらに賃貸借をなしたものとみなされることである。

② **期間の定めのない場合**

〈解約申入れの要件〉

解約申入れとは、期間の定めのない賃貸借関係を将来に向かって終了させる意思表示である。通常の借家人ならば当然解約申入れと分かるような程度の意思表示でよいとされる。明渡訴訟ならば、その提起・維持でよい。

賃貸人のする解約申入れは、解約申入れ後6か月が経過すれば解約の効力を生ずる。

しかし、賃貸人に正当事由がなければ、解約申入れの効力が発生しない。

解約申入れの意思表示の時期と正当事由の存在時期との関係はどうか。

判例は、解約申入れ当時に正当事由があれば有効であるから、その効力発生後の事情をも考慮して正当事由を否定することはできないとし、正当事由ありとして明渡請求を命ずる判決が確定した後に正当事由がなくなっても、従前の賃貸借が当然に復活し、または明渡請求権が当然消滅するものではないとした。

③ **正当事由について**

昭和16年改正で加えられた旧借家法1条ノ2は、建物の賃貸人は自ら使用することを必要とする場合その他正当の事由ある場合に非ざれば、更新を拒み、または解約の申入れをすることができないと規定した。正当事由は一般条項であり、広く社会の倫理観念・常識、住宅政策の要請等に従って判断されるべきだとされている[1]。

戦争末期からの住宅事情の悪化（空襲、疎開取毀）は、戦後の引揚げ・復員・疎開者の帰還によりさらに激しくなった。こうした中で住居に窮する家主の自

己使用が問題となったが、家主には現在居住している場所があることから、裁判所は、家主の自己使用の必要性だけで独立して解約申入れ・更新拒絶を有効とはせず、解約申入れ・更新拒絶の効力を、もっぱら正当事由の有無によって判断することにした。家主の自己使用の必要性は、正当事由の一つの場合の例示にすぎないと解するようになった(2)。

判例によれば、正当事由は、「賃貸借当事者双方の利害関係その他諸般の事情を考慮し、社会通念に照らし妥当と認むべき理由をいう」のであり、「賃貸人が自ら使用することを必要とするの一事を以て直ちに右『正当の事由』に該当すると解することはできない」し、「賃借人側の利害のみを考慮して判定すべきものではない」、「単に個人的・主観的な見地から観察するだけでは足らず、社会的・客観的な立場から諸般の事情を考慮総合して考察することを要する」とされる。

考慮される事情としては、「家主、借家人双方の家族関係、職業関係、資力関係等の生活関係はもとより、係争家屋の状況その他諸般の状況を審査」すべきものであり、当事者の「職業、風俗習慣、教養の差異」も斟酌され、各時期における住宅事情も考慮される。

こうして、判例は旧借家法1条ノ2の文理解釈・立法者意思による解釈とは異なった解釈をするようになった(3)。

家主・借家人という両当事者の事情を平等に比較考量するのが判例の立場であり、「所有権は何といっても強力な権利であり、所有者が自己の所有物を使用する必要ある場合は相当重視して然るべきである」という最高裁判決は重要である(4)。下級審には、家主に厳しい一般論を述べるものもあった。

両当事者の事情が同等の場合には、「私法秩序の基礎として私所有権を認めている現制度においてはくだくだしく説明するまでもな」く「所有者を優先させるのが相当である」という高裁判決が妥当であるが(5)、学説は反対が多い。

正当事由の存否の判断について、①家主側について正当事由の存否を考え、正当事由ありとされる場合に、借家人側の事情をつき合わせて判断するものと、②両当事者の事情を直ちに比較考量すべしというものがある(6)。

〈賃貸借当事者間の事情〉
(ア)　賃貸物件に関する事情 ── 取壊し新築、大改造の必要

建物が自然の命数により朽廃に近づいたり、あるいは火災等によって一部が滅失した場合に、これを取り壊して新築したり、大改造・大修繕を加えるために、解約申入れのなされることがかなりある[7]。

貸ビル業者の有する古いビル改築のため借家人を明け渡させる必要のある場合、正当事由ありとされた[8]。

(イ)　賃貸借契約に関する事情

家主が借家人に対して代替家屋や立退料（移転料）を提供したり、明渡猶予期間を認めたり、延滞賃料などを免除することは、正当事由ありとする有力な要素とされており、特に住宅事情の緩和した時代において一層強くなってきた[9]。

(ウ)　立退料（移転料）の支払い

当事者間の合意で明渡のなされる場合に、立退料支払いの合意がなされることが多い。解除の有効性や正当事由の存在が疑わしい場合に借家人の承諾があれば金銭で補うことになる[10]。

(エ)　ビルの賃貸借には借家法の適用があるか

「貸ビルにおいて、借家法の適用有無をめぐる紛争は皆無といってよいくらいであり、純粋に市民法的な室料にかんするものである」という指摘がある[11]。

(2)　借地借家法が適用される場合

平成4年8月1日以後に契約した場合には、借地借家法が適用される。

借地借家法28条は、建物賃貸借契約の更新拒絶等の要件として、次のように規定する。

「建物の賃貸人による第26条第1項の通知〔更新拒絶通知・筆者注〕又は建物の賃貸借の解約の申入れは、建物の賃貸人及び賃借人（転借人を含む。以下この条において同じ。）が建物の使用を必要とする事情のほか、建物の賃貸借に関する

従前の経過、建物の利用状況及建物の現況並びに建物の賃貸人が建物の明渡しの条件として又は建物の明渡しと引換えに建物の賃借人に対して財産上の給付をする旨の申出をした場合におけるその申出を考慮して、正当の事由があると認められる場合でなければ、することができない」というものである。

① 開発促進論の排除

昭和60年11月に法務省民事局参事官室から公表された「借地・借家法改正に関する問題点」において、借家の正当事由の内容について、「いわゆる正当事由（借家法1条ノ2）の内容を法律上明確にすべきであるとの考え方があるが、どうか。どのような内容にすべきか。例えば、その一事由として、賃貸人による当該建物の大規模修繕、建替え等の必要性及び相当性を加えるとの考え方があるが、どうか。」と関係各界に対して意見照会がされた[12]。

しかし、賃貸人による当該建物の大規模修繕、建替え等の必要性及び相当性を加えることについて、この提案は、「都市再開発を促進するために既存の借地・借家関係の解消を容易にする方向での法改正を求める開発業界等の主張と合致するものであったため、借家法の改正に都市再開発の促進という特定の政策的観点をもちこむものである」との強い批判を招いた[13]。

そのため、平成元年3月に法務省民事局参事官室から公表された「借地法・借家法改正要綱試案」においては、正当事由について、「1　建物の賃貸人がする賃貸借の更新の拒絶又は解約の申入れは、正当の事由があるときに限り、することができるものとする。2　1の正当の事由の有無は、賃貸人及び賃借人が建物の使用を必要とする事情、賃貸借に関する従前の経過、建物の利用状況、建物の状況、建物の存する地域の状況その他一切の事情を考慮して定められるものとする。3　1の正当の事由の有無を判断するに当たっては、賃貸人が明渡しに当たり賃借人に支払うものとして申し出た金銭その他の財産的給付の提供をも考慮することができるものとする。4　1ないし3は、改正法の施行前にした建物の賃貸借についても適用するものとする。」とされて、関係各界に対して意見照会された[14]。

その説明によると、「正当事由及びその内容」について、「借家関係において

も『正当事由』がその終了を判定するかぎとなっていることは、借地関係と同様である。すなわち、現行法では、建物の賃貸人は、自ら使用することを必要とする場合その他正当の事由がある場合でなければ、賃貸借の存続期間の満了時に契約の更新を拒絶し、あるいは存続期間の定めがない場合に解約の申入れをすることができないこととされている（第1条ノ2）。

この『正当事由』方式に対して、その概念が明確性を欠くとする批判があり、試案で、正当事由の判断に当たり考慮される要素のうち基本的なものを明らかにするとの方向をとることとされたことも、借地法関係と同様である（第一の一1、2）。

試案が正当事由の判断に当たり考慮されるべき諸要素として列挙しているのは、法が挙げている『賃貸人が建物の使用を必要とする事情』のほか、『賃借人が建物の使用を必要とする事情』、『賃貸借に関する従前の経過』、『建物の利用状況』、『建物の状況』、『建物の存する地域の状況』であり、借地法関係と同様に、ここでも『その他一切の事情』が考慮されるべきものとされている。

『建物の使用を必要とする事情』を斟酌する場合には、代替の建物の有無についての検討が含まれること、『賃貸借に関する従前の経過』としては、賃貸借をすることとした際の事情、いわゆる権利金等の支払の有無及び額、契約上の義務の履行状況などが考慮されることなどは、基本的に借地関係と異なるところはない。借家関係に特有の考慮としては、『建物の利用状況』及び『建物の存する地域の状況』とは別に『建物の状況』が挙げられていることである。第一に、建物自体の物理的な状況が考慮の対象となる。建替えの必要性が生ずるに至っていることは、この観点から斟酌されようが、その必要性の検討は、建物が老朽化しているかどうかはもとより、社会的・経済的効用を失っているかどうかとの観点からも行われ得るものであろう。第二に、建物が敷地の利用関係上から存立を続けられなくなるとの事情も、この考慮の中に含まれるといってよいであろう」と述べる。

「正当事由と借家関係の終了に伴う利害調整」については、「借家関係においては、借地関係と異なり、一般的にはその終了に伴う利害調整が問題にされて

いない。『借家権価格』の存在は全国的に確立しているとはいい難いし、権利金が借家権設定の対価と観念されているわけではないとみられるからである。『問題点』に対する意見の中にも、一般的な規定を設けることに対しては、消極的な意見がやや強かった。試案では、立退料等の名目の財産的給付を行うことにより正当事由を補完するとの実務的慣行を考慮し、正当の事由の有無を判断するに当たっては、賃貸人が建物の明渡しに当たり賃借人に支払うものとして申し出た金銭その他の財産的給付の提供をも考慮することができるものとする旨の定めを置くにとどめることとしている（第一の一3）。」と述べる[15]。

これに対して、「建物の存する地域の状況」と、「改正法の施行前にした建物の賃貸借についても適用するものとする」という点に危惧が示され、修正がなされて、借地借家法28条の規定となったのである。「正当事由規定の改正は、都市再開発促進論との直接的な結びつきを希薄化ないし否定する方向で決着したといってよいであろう」と総括されている[16]。

② 利害調整的処理の立法的追認

正当事由については、当事者双方の使用の必要性その他の諸般の事情を総合的に判断して正当事由の存否を判断するという実務を基礎にして正当事由において考慮されるべき要素を明文化した。「財産上の給付」という表現で立退料ルールが承認されたことになる。

「このようなすぐれて利害調整的な紛争処理のあり方は、裁判官の裁量的判断の余地を大きなものとし、法の機能の予測可能性を確保しがたいことに伴う問題をはらんでいることも否定できないのであって、今後は解釈を通じて適切かつ明確な紛争解決基準を定立していくことが重要な課題となるといわなければならない」、「紛争解決基準の定立という作業は、都市政策・住宅政策など借地借家法にとっての隣接諸制度の整備を前提として、それとの機能的な役割分担のもとにはじめて適切に行われうる」という指摘がなされる[17]。

借地借家法28条は、正当事由の有無を判断する際に考慮されうる要素として、(イ)賃貸人および賃借人が建物の使用を必要とする事情、(ロ)建物の賃貸借に関する従前の経過、(ハ)建物の利用状況、(ニ)建物の現況、(ホ)賃貸人による財産上の給

付の申出を限定列挙している。(イ)が基本的要素であり、(ロ)以下が補充的（補完的）要素である。当事者双方の建物の使用を必要とする事情をまず考慮して甲乙つけがたい場合に他の補充的要素が考慮されるというのが立法当時の法務省民事局長の見解である。

(イ)の基本的要素について、次のように解説される。

「居住目的の使用が営業目的の使用より優先すると解すべきであり、また営業目的のなかでは、生計維持のための使用が利潤追求のための使用より優先すると解すべきである」というが[18]、何の根拠にもとづいてこう言えるのかが疑問である。

もっとも、建物の賃借人の利用行為について、法案段階では「使用又は収益」という表現が国会審議の過程で「使用」という表現に修正されている。修正理由として、「土地の使用」という文言を用いる借地関係の規定との整合性の確保のほか、正当事由判断において建物の収益の必要性が使用の必要性とは別の主要な判断要素の一つであるかのように解されるおそれをなくすということであったように、利益をあげるということにきわめて潔癖な風潮が感じられる。

(ロ)　建物の賃貸借に関する従前の経過……賃貸借をすることとした際の事情（当初は好意的貸与だった等）、権利金等の支払いの有無および額、賃貸借関係の期間の長短、契約上の義務の履行状況等。

(ハ)　建物の利用状況……賃借人が当該建物をどのような目的・態様で利用しているか。この要素を媒介として、所有者による建物・敷地の有効利用が考慮される可能性があるかということであるが、立法当時の民事局長は可能性を肯定するが、独立の要素ではないと強調している。

「現在のように、土地利用規制（とりわけ厳格な用途地域規制を前提とする居住系から事業系への無秩序な転換の防止）や再開発手続（とりわけ計画段階での住民参加の手続的保障と居住・生活保障）にかかわる公法上の諸制度が必ずしも十分には整備されていないという前提のもとでは、建物・敷地の有効利用といった事情を正当事由を基礎づけるものとして重視すべきではない」という指摘も[19]、一方的な批判と考えられる。

(ニ) 建物の現況……借家関係に特有の要素である（借地関係とパラレルでない）。建物自体の物理的な状況や、建物敷地の利用権原の喪失等のため建物の利用が著しく困難になるといった事情が考慮の対象となるというのが立法担当者の見解である。

これについても、「老朽化による建替えの場合、老朽化の程度には幅があるうえ、敷地の有効利用の観点と結びついていることが多く、この場合には、（中略）このことを正当事由を基礎づける事情として重視すべきではない」というのは[20]、暴論である。

(ホ) 賃貸人による財産上の給付の申出……高額の立退料を提供すれば、契約を解除させることができるのかという危惧があったとのことである。立法時の民事局長は、「財産上の給付」の補充的性格をくりかえし強調している。

批判として、「本条には裁判所はいかなる場合にいかなる額の金銭給付を考慮して明渡しを命ずべきかについての客観的な基準が設けられておらず、その決定がもっぱら裁判官の裁量的な判断に委ねられる危険性が残されている」、「『財産上の給付』が補充的な要素とされている結果、たとえば消滅する賃借権が財産的価値（借家権価格）をもつ場合や当該建物が事業用として利用されている場合について、賃貸人が建物の使用を必要とする事情が賃借人のそれに比べて格段に大きいようなときには、金銭給付は不要ないし少額で足りるとの解釈が成り立つ余地もあり、そのような解釈がとられると、賃借権の財産的価値の清算や営業補償などの問題は、賃貸借関係の終了の判断とは別個に、これと切り離して処理されるべき問題であり、改正過程ではそのような方向での提案もなされていたが、実現されなかった。総じて、成立した本条における『財産上の給付』の要素は、正当事由の存否に関する判断をもっぱら妥当性判断に基づく紛争処理に導きかねない側面をもっており、その適切な運用を図るためには、今後、『財産上の給付』として考慮される金銭給付の性質・内容を具体的に明確化していく作業が必要となろう」という指摘がある[21]。

このように、一方的に借家人に偏った解釈がなされている現状では、コンバージョンにとっても、障害となるのであり、借地借家法28条の見直しが急務であ

ると考えられる。そこで、次にこの問題を扱うことにする。

2　正当事由制度の見直し

　定期借家制度の見直し時期が迫ってきたが、その機会に普通借家契約の正当事由制度の見直しを提案しておきたい。
　耐用年数の経過した建物の建て替えなどの場合には、一定の金銭的補償により正当事由を肯定すべきだという見解がある[22]。
　しかし、耐用年数の経過した建物に金銭的補償は不要と考える。賃貸借の目的の不能としてよいであろう。
　特例的立法措置として、密集市街地における防災街区の整備の促進に関する法律（平成9年）は、「居住安定計画」に基づく代替住宅の提供を前提に、借地借家法26条2項、28条の適用を排除することを認めている（24条）。

3　定期借家権について[23]

　平成3年に成立した借地借家法では、「転勤、療養、親族の介護その他のやむをえない事情により、建物を一定の期間自己の生活の本拠として使用することが困難であり、かつ、その期間の経過後はその本拠として使用することとなることが明らかな場合において」は、更新がない旨の特約をして、一定の期間に限って建物を賃貸し、その期間の満了時に正当事由の拘束を受けずに借家関係を約束どおり終了させられる「賃貸人の不在期間の建物賃貸借」が、借地借家法38条1項に規定された。しかし、正当事由制度による解約制限により、良質な借家が供給されにくくなっているとの指摘を受けて、平成11年改正法により、「賃貸人の不在期間の建物賃貸借」に代わって定期借家制度が導入された（借地借家法38条）。
　定期借家（定期建物賃貸借）契約を締結するには、①建物賃貸借について一定の契約期間を定めること、②契約の更新がないこととする旨の特約を定めるこ

と、③公正証書による等書面で契約をすること、④契約の前に、家主が、借家人に対し、定期借家契約である旨を記載した書面を交付して説明することが必要である。

　定期借家の期間が1年以上である場合には、家主は、期間が満了する1年前から6か月前までの間（通知期間）に、借家人に対して、期間の満了により契約が終了することを通知しておく必要がある。この通知を怠った場合には、家主は、期間が満了しても、契約が終了したことを借家人に主張することができない。ただし、家主は、通知期間経過後であっても、終了の通知をすれば、その通知の日から6か月が経過したときは、借家人に対して契約が終了したことを主張することができるようになる。

⑴　星野英一『借地・借家法』510頁（有斐閣、1969）
⑵　星野・前掲注⑴511頁
⑶　星野・前掲注⑴512頁
⑷　最高裁昭和26年4月24日判決民集5巻5号301頁
⑸　東京高裁昭和26年7月20日判決判タ18号57頁
⑹　星野・前掲注⑴515頁
⑺　星野・前掲注⑴548頁
⑻　東京地裁昭和41年2月15日判決判タ189号174頁
⑼　星野・前掲注⑴564頁
⑽　星野・前掲注⑴637頁
⑾　石田喜久夫「ビルの賃貸借―大阪における調査を中心にして―」契約法大系刊行委員会編『契約法大系Ⅲ（賃貸借・消費貸借）』291頁（有斐閣、1962）
⑿　法務省民事局参事官室編『借地法・借家法改正の問題点』別冊ＮＢＬ17号10頁（1987）
⒀　広中俊雄編『注釈借地借家法』〔広中俊雄・佐藤岩夫執筆〕935頁（有斐閣、1993）
⒁　法務省民事局参事官室編『借地法・借家法改正要綱試案』別冊ＮＢＬ21号15頁（1990）
⒂　法務省民事局参事官室編・前掲注⒁48頁以下
⒃　広中・前掲注⒀935頁
⒄　広中・前掲注⒀936頁
⒅　広中・前掲注⒀937頁
⒆　広中・前掲注⒀938頁
⒇　広中・前掲注⒀938頁以下

(21)　広中・前掲注(13)939頁以下
(22)　内田貴『契約の時代』235頁（岩波書店、2000）
(23)　借地借家法制研究会編『［新訂版］一問一答新しい借地借家法』187頁以下（商事法務研究会、2000）

〔参考〕

　法務省民事局参事官室編『借地法・借家法改正要綱試案』別冊ＮＢＬ21号49頁以下（1990）は、「非居住用建物の賃貸借の終了」について次のように説明している。
　「現行法上は、居住の用に供することを目的とするものとそうでないものとで借家権の保護の在り方に区別が設けられていない。生活的利益と経済的利益とは、本来、その保護の必要性を異にするであろうから、多くの立法例で居住目的の借家と事業目的の借家とが区別して扱われているのは、むしろ理解しやすいことに思われるのであるが、生活的利益と営業的利益とが切り離し難い形で利用される『生業用』と呼ばれる借家関係が大きな比重を占め、居住用の借家と事業用の借家との区別が困難である上、借家の供給に非常に制約がある事情のもとでは、このような区別をせずに借家関係を規律しようとすることに合理性があったことは、否定できまい。
　ところで、今日の事業目的の借家関係をみた場合、賃貸オフィスの増加に代表されるように、生活と一体となった借家関係の比重はかなり下がってきているとみられるし、同時に、賃貸用建物の需給関係も相対的には賃借人側にかなり有利になってきているといえるであろう。したがって、もはや事業を目的とする借家関係の保護と居住を目的とする借家関係の保護とを同様としておく事情にはなくなってきているのではないかと考えられる。ただ、事業を目的とする借家関係では当事者間の交渉力が対等である関係が主流となったとみて、これを全く民法の規定に委ねてよいと考えるほど環境が変化しているとまではいい難いであろうから、居住を目的とする借家関係以外の借家関係の終了に関しても、借家法上何らかの規制を残すことが相当であろう。『問題点』に対する意見でもこのような考え方が、比較的多かった。このような考え方をとるとしても、更に、すべて借家関係の更新の拒絶又は解約の申入れによる終了は『正当事由』の制約を受ける建前を維持すべきであり、ただ、事業目的の借家関係においては、正当事由の判断基準に差があるにすぎないとの考え方と、事業目的の借家関係の終了については、正当事由の枠から解放し、賃借人に事業上の損害があれば、その補償をするとする経済的な利害調整のみで解決すべきであるとの考え方とがあり得よう。
　試案は、この後者の考え方への道を開く立場をとっている。すなわち、試案では、居住の用に供することを目的としない建物の賃貸借については、正当事由がなくても更新の拒絶又は解約の申入れをすることができ、その反面、これにより借家関係が終了した場合には、賃借人は、明渡補償金を賃貸人に請求することができることとしている。
　ただ、試案は、これにより正当事由が備わった場合に賃貸人が補償金の支払なしに借家関係

を終了させる余地を失わせることを定めたわけではない。このように、正当事由なしに借家関係の終了が認められるとしても、なお、正当事由がある場合には、賃借人から補償金請求を受けることなく借家関係を終了させることが認められるべきであり、そのことを規定上明確にすべきであるとする立場もあり得る。確かに、事業目的の借家関係の終了については、正当事由を不要とし、補償により利害調整をする制度に一本化する方が明快である。しかし、事業目的の借家関係であっても、建物によっては、賃貸人に生ずる使用の必要性を考慮する必要があるなど正当事由による調整が適しているものもあることは否定できず、賃貸人からそのような可能性を奪うような仕組みをとることが相当かどうかは疑問の余地があろう。この点につき判断するには、なお『正当事由を不要とする借家関係の終了』という考え方に対する一般の反応をみきわめる必要があることを考慮し、試案では、事業目的の借家関係の更新の拒絶又は解約の申入れによる終了に、いわば正当事由型の終了と正当事由不要・補償請求型の終了とをともに認めることとするか、ここには正当事由の入り込む余地はなく、正当事由不要・補償請求型の終了だけを認めることとするかについては、なお検討することとしている。

　仮に、正当事由型の終了と正当事由不要・補償請求型の終了とをともに認めることとする場合に、なお2つの構成が考えられる。すなわち、賃貸人がする更新拒絶・解約による賃貸借の終了の請求としては、1つの請求があるのであって、正当事由は、賃借人からの補償金請求に対し、正当事由があるから補償金を支払う必要がないと賃貸人が反論する場面で働くにすぎないとする、正当事由を抗弁事由とする構成と、正当事由型の終了と正当事由不要・補償請求型の終了とは別個の請求であり、賃貸人は、これを選択してそのいずれかを、ないしは双方を個別に、主張すべきもの（正当事由が認められて賃貸借が終了する場合には、賃借人の補償金請求権が成立する余地はない。）とする構成とが考えられる。前者の構成が明快ではあるが、この構成では、補償を求められるなら賃貸借の終了を望まないという賃貸人の意向を実現する余地がない。また、建物の明渡しの請求時に補償金請求がされないと補償金請求がされた段階で終了についての正当事由の有無が争われることになり、その際に賃貸人としては正当事由の補完としての立退料等の提供も可能ではあるが、立退料等の支払と建物明渡しとの同時履行は確保されないことになる（ただし、この難点は、補償金請求権につき特別の短期消滅時効を定めるなど権利主張の期間制限をすることにより、ある程度は解消することができる。）。いずれにせよ、この構成の問題は、正当事由型の終了と正当事由不要・補償請求型の終了とをともに認めることとする場合に限った問題であるので、試案では、そのいずれをとるかは、明らかにされていない。

　試案では、正当事由がなくても更新の拒絶又は解約の申入れができる対象となる賃貸借を『居住の用に供することを目的としない建物の賃貸借』としている。すなわち、第一に、建物賃貸借が居住用かどうかの区別は、その『目的』、すなわち契約の趣旨をもって決めることとしている。第二に、『生業用』といわれるもののうちかなりの部分を占める居住と事業の双方を目的とする借家関係はこれに含まれず、その終了は、原則どおり、正当事由がある場合に

限って可能となる。しかし、居住用でも事業用でもない借家関係(例えば、サークル活動に利用されているもの)においては、居住用に近い保護を必要とする借家関係があるとする立場からは、対象をより絞り、『専ら事業の用に供することを目的とする建物の賃貸借』とすべきであるとの主張がされるであろう。更に、零細な個人事業者を賃借人とする借家関係においては、その終了を規律するのに『正当事由』による保護を残すべきであるから、正当事由がないのに借家関係を終了させることができるのは、『法人が事業の用に供することを目的としてする建物の賃貸借』に限るべきであるとの考え方もあり得る。」

　このように非居住用建物を区別する考え方は、定期借家制度がそのような区別をしないことにより、意義を失った。

6 ── 不動産鑑定とコンバージョン

武田 公夫

1 不動産鑑定評価基準の変遷と今後の課題

　わが国の近代的な鑑定評価制度は、1963年7月「不動産の鑑定評価に関する法律」制定に始まっており、高度の国家試験による不動産鑑定士の資格と評価理論である不動産鑑定評価基準を基盤としている。鑑定評価制度を車にたとえれば、両輪の一つである評価理論は、大別して次の4段階の歴史を持っている。

(1) 不動産鑑定評価基準(1964年3月、宅地制度審議会答申、宅制審第35号)、宅地見込地の鑑定評価基準(1965年3月、宅地審議会答申、宅審第11号)および賃料の鑑定評価基準(1966年4月、宅地審議会答申、宅審第7号)……以下、「第1・評価基準」という。

(2) 不動産鑑定評価基準(1969年9月、住宅宅地審議会答申、住地審第15号)……以下、「第2・評価基準」という。

(3) 不動産鑑定評価基準(1990年10月、土地鑑定委員会答申、二国鑑委第25号)……以下、「第3・評価基準」という。

(4) 不動産鑑定評価基準(2002年7月、国土交通省事務次官通知、国土地第83号の3)……以下「第4・評価基準」という。なお、「(4)」は平成15年1月施行の評価基準であり、第3・評価基準等と対比する場合、新評価基準と表現する

ことがある。

評価基準の内容は、時代の変遷、特に不動産情勢の変化に従って改訂されてきている。新評価基準は、地価下落、不動産の証券化、不良債権処理、土地の土壌汚染、収益価格の重視等の現在までの課題に対応して設定されているが、既存建物の重視、建物コンバージョンなどの今後の課題について具体的指針を示していない。本稿では追加し新設を検討すべき理論として、「価格概念」、「地域概念と地域分析」、「建物の価格形成要因」、「原価法」および「収益還元法」を対象とし追究する。

2 価格概念の課題

事務所から住宅へ用途変更する場合の評価は、現況から変更後を予測するケースと変更完成後の二つがある。後者は完成時点における現況評価であり、前者ほど特別の配意を必要としない。本稿では、主として前者を対象とする(他の課題も同じとする)。

価格概念は、新評価基準において「正常価格」、「限定価格」、「特定価格」および「特殊価格」の4種がある。用途変更予定の不動産を特定の目的、条件等により求める場合は、特定価格に該当すると考えられる。未利用等の不動産を社会的要請により用途変更を目的とし、正常価格の前提となる諸条件を満たさない場合に求める適正価格である。

バブル経済崩壊後の長期間続く不動産価格下落を背景に、不動産市場が資産性重視から収益性重視の実需中心の取引の場と変化してきている。正常価格の規定が新評価基準において、現実を重視し「現実の社会情勢」を加えたのは、このためである。

現実の社会情勢は、マクロ経済・地域経済の動向、不動産の需給動向、不動産に関する法制度や税制、不動産に関する取引慣行、市場参加者の価値観等の実勢・実態を指すとされている。用途変更における価格概念である特定価格に対し、上記の現実の社会情勢は同じく適用される。正常価格と異なるのは条件

図表 II-6-1　価格概念の変遷要約

区　分	第1・評価基準	第2・評価基準	第3・評価基準	第4・評価基準
1　不動産情勢	地価上昇			地価下落
2　不動産政策	地価抑制			利用促進 （地価安定）
3　設定年月	1964年3月	1969年9月	1990年10月	2002年7月 2003年1月施行
4　価格種類	(1) 正常価格 (2) 特殊価格	(1) 正常価格 (2) 限定価格	(1) 正常価格 (2) 限定価格 (3) 特定価格	(1) 正常価格 (2) 限定価格 (3) 特定価格 (4) 特殊価格
5　基本指針	4-(2)は4-(1)以外のすべての価格であり、広範な価格範囲	4-(2)は隣接間の不動産に限られる	旧・特殊価格の条件付き復活	複合不動産、収益価格の重視、証券化、不良債権処理に対応
6　特　色	特殊価格は評価主体の裁量により目的、条件が設定でき、価格の多様化に対応	正常価格主義であり、それ以外一切認めていない	4-(3)は、1市場性ある不動産2はノン・マーケットの不動産に対応	4-(3)(4)は第3の特定価格の分割
7　問題点	恣意的に条件が設定され誤解を招く価格が見られた	価格の信頼性維持には適切、しかし価格の多様化に対応せず	特定価格は、実現性、合法性等による目的、条件と価格併記	4-(3)は法令等の根拠に限られ価格多様化は後退
8　課　題	誤解を招く目的や条件を解消すること	価格の多様化に配慮し弾力的な規定に改める	特定価格は2種類の価格に分割し独立必要	「法令等」は限定列挙であり、弾力的な追加修正または解釈必要

であって、用途変更においては、むしろ正常価格より厳密に配意し検討を要する。

　2002年12月までもちいられた第3・評価基準は、市場性ある不動産について目的および条件の付された価格と文化財等のノン・マーケットの価格を併存させていた。新評価基準は、前者を特定価格とし、後者を特殊価格として独立させており、価格種類としては適切な内容となったが、弾力性に欠けるという意見もある。第3・評価基準における市場性のある不動産の特定価格は、三つの例示をおこない、限定列挙でなく価格の多様性に対応できる価格概念であった。新評価基準は、求められるケースを「法令等の社会的要請の評価目的」を要件としており、法令等は法律、政令、内閣府令、省令等に限定しており、要件に該当しない場合はコンサルタント価格とし正式の鑑定評価の対象としていない。厳密な観点では妥当であるが、価格の多様性の観点からは列挙している事項を解釈で補い現実に適合させるという意見もあり、無視できない。

図表II-6-2　特定価格についての留意事項

留意事項III-3-(2)の規定	コンバージョンの適合
① 法令等について 　法令等とは、法律、政令、内閣府令、省令、その他国の行政機関の規則、告示、訓令、通達等のほか、最高裁判所規則、条例、地方公共団体の規則、企業会計の基準、監査基準をいう。 ② 特定価格を求める場合の例について 　特定価格として求める場合の例として掲げられているものについての特定価格として求める理由および鑑定評価の基本的な手法等は次のとおりである。	コンバージョンに関する特別法の立法、通達が行われないと該当しない。
ア　資産の流動化に関する法律または投資信託及び投資法人に関する法律にもとづく鑑定評価目的の下で、投資家に示すための投資採算価値を表す価格を求める場合 　この場合は、投資法人、投資信託または特定目的会社（以下、投資法人等という）に係る特定資産としての不動産の取得時または保有期間中の価格として投資家に開示されること	不動産の証券化、前者はSPCに係るもの、後者は不動産投資信託に係るものである。

を目的に、投資家保護の観点から対象不動産の収益力を適切に反映する収益価格にもとづいた投資採算価値を求める必要がある。

特定資産の取得時または保有期間中の価格としての鑑定評価に際しては、資産流動化計画等により投資家に開示される対象不動産の運用方法を所与とする必要があることから、必ずしも対象不動産の最有効使用を前提とするものではないため、特定価格として求めなければならない。なお、投資法人等が特定資産を譲渡するときに依頼される鑑定評価で求める価格は正常価格として求めることに留意する必要がある。

鑑定評価の方法は、基本的に収益還元法のうちDCF法により求めた試算価格を標準とし、直接還元法による検証を行って求めた収益価格にもとづき、比準価格および積算価格による検証を行い鑑定評価額を決定する。

イ 民事再生法にもとづく鑑定評価目的の下で、早期売却を前提とした価格を求める場合

	不良債権処理に係るもので、倒産会社の再建についての法のものと不動産の早期売却についての要件である。

この場合は、民事再生法にもとづく鑑定評価目的の下で、財産を処分するものとしての価格を求めるものであり、対象不動産の種類、性格、所在地域の実情に応じ、早期の処分可能性を考慮した適正な処分価格として求める必要がある。

鑑定評価に際しては、通常の市場公開期間より短い期間で売却されることを前提とするものであるため特定価格として求めなければならない。

鑑定評価の方法は、この前提を所与とした上で、原則として、比準価格と収益価格を関連づけ、積算価格による検証を行って鑑定評価額を決定する。なお、比較可能な事例資料が少ない場合は、通常の方法で正常価格を求めた上で、早期売却に伴う減価を行って鑑定評価額を求めることもできる。

ウ 会社更生法または民事再生法にもとづく鑑定評価目的の下で、事業の継続を前提とした価格を求める場合

倒産会社の事業継続を目的とした事業拘束下の要件である。

この場合は、会社更生法または民事再生法にもとづく鑑定評価目的の下で、現状の事業が継続されるものとして当該事業の拘束下にあることを前提とする価格を求めるものである。

鑑定評価に際しては、対象不動産の利用現況を所与とする

ア、イおよびウの例示は現在の不動産情勢を

ため、必ずしも対象不動産の最有効使用を前提とするものではないことから特定価格として求めなければならない。 　鑑定評価の方法は、原則として事業経営にもとづく純収益のうち不動産に帰属する純収益にもとづく収益価格を標準とし、比準価格を比較考量の上、積算価格による検証を行って鑑定評価額を決定する。	踏まえたもので、将来（コンバージョン等）に対する規定が望まれる。

3　地域概念と地域分析

　事務所ビルから用途変更により集合住宅となった不動産は、地域の構成分子として地域に影響を与える。立地地域が純粋な商業地域から商業・住宅の混在地域に変化することが考えられる。移行地に対する評価理論は、上記の移行程度により要因重視を変える規定にとどまっており、今後さらに充実が必要である。

　不動産は個々に機能し、独立して価格が定まるものでなく、他の不動産とともに地域を構成し、これに属するのが通常である。個々の不動産は、その属する地域の構成分子として、当該地域および地域内の他の不動産との間に種々の相互関係を保ち、この相互関係を通じてその社会的および経済的位置が定まるものである。このため、不動産の評価にあたっては、対象不動産の属する地域について考察を行い、対象不動産と立地地域の関連性を分析することが要請される。

　近年、不動産市場が収益性を重視した取引へ変化しているが、対象不動産について単に近隣地域との関係にとどまらず、より広域的な市場動向の影響を受けて不動産の用途決定や価格形成がおこなわれる傾向が高まっている。この状況から新評価基準は、地域分析において新たに市場分析の指針を追加している。

　地域分析および個別分析の各手順において、同一需給圏レベルでの需給動向および競合不動産との関係を把握するため、市場分析を行うことを新たに位置づける。従来は近隣地域中心であった分析が、同一需給圏に拡大されたものである。

図表II-6-3　地域に関する評価規定

項　　目	規定箇所／内容	変更への応用等
地域の変化	総・第6・1・II-1 不動産の属する地域は、固定的なものでなく地域の特性を形成する地域要因も常に変動するものである。	対象不動産の立地する地域の考察指針として有用である。
移行地地域・移行地	総・第2・1・I 宅地地域等の内にあって、細分化されたある種別の地域から他の細分化された地域に移行しつつある地域があることに留意する。この移行しつつある地域内の土地が移行地である。	地域種別の内容において、なお書の規定であり、今後さらに充実した内容が望まれる。
	総・第3・2・III 移行しつつある地域については、移行後の種別の地域の地域要因をより重視すべきである。	移行の程度が低い場合は、移行前の地域要因を重視する。
移行地の同一需給圏	総・第6・1・II 同一需給圏は、一般に当該土地が移行すると見込まれる土地の種別の同一需給圏と一致する傾向がある。	熟成度の低い場合は、移行前の土地の種別の同一需給圏と同一となる傾向がある。
近隣地域の地域分析	留・第6・1・(1) 近隣地域の地域要因等についてその変化の過程における推移、動向を時系列的に分析し、さらに周辺地域の地域要因の推移、動向および近隣地域への波及の程度を分析する。	周辺地域の地域要因の変化の推移、動向が移行地の変化の動向予測の有効資料となる。

（資料）　総・各は評価基準の総論・各論である。留は「運用上の留意事項」から抜粋し作成した。

　市場分析に係る具体的な観点としては、地域分析の手順において近隣地域を含むより広域的な地域（同一需給圏）を対象とし、個別の用途に応じた同一需給圏の判定、同一需給圏における市場の需給動向および同一需給圏における市場参加者の属性および行動を分析する。

地域分析による標準的使用は、個別分析の最有効使用の基礎となる。個別分析の手順において、地域分析の結果を踏まえ、対象不動産の個別的要因のうち影響の程度が大きいと判断される要因に着目し、競合不動産と比べた優劣および競争力の程度を分析する。この競合不動産および競争力比較により、従来は標準的使用の判定に止まっていた分析がさらに的確となる。用途変更における評価においては、収益性をベースに広域的な市場分析が的確な価格を求める鍵となる。

評価基準は、地域分析や資料収集の範囲を「近隣地域」、「類似地域」および「同一需給圏」としており、特に近隣地域を重視しており、その規定を要約すると次のとおりである。

「近隣地域とは、対象不動産の属する用途的地域であって、都市等の内部にあって、居住、商業活動、工業活動等人の生活と活動とに関して、ある特定の用途に供されることを中心として地域的にまとまりを示している地域をいい、対象不動産の価格形成に関して直接に影響を与える地域特性を持つ。」

この規定のなかにある特定等のイメージの一つとしては、低層の一戸建住宅が連担する専用住宅地域がある。現実は店舗などが混在しており、用途が純化した地域はなく、その意味から近隣地域の定義も弾力的に解釈すべきであろう。

図表II-6-4　建物・建物及びその敷地の個別的対比表

第3・評価基準	(二) 建物に関する個別的要因
	建物に関する個別的要因の主なものを例示すれば、次のとおりである。
	(イ)　面積、高さ、構造、材質等
	(ロ)　設計、設備等の良否
	(ハ)　施工の質と量
	(ニ)　建物とその環境との適合の状態
	(ホ)　公法上及び私法上の規制、制約等
	(三) 建物及びその敷地に関する個別的要因
	建物及びその敷地に関する個別的要因には、前記(一)及び(二)に例示したもののほか、敷地内における建物の配置等敷地と建物との適応の状態がある。

新評価基準	Ⅱ　建物に関する個別的要因 　　建物に関する個別的要因の主なものを例示すれば、次のとおりである。 　1．建築（新築、増改築又は移転）の年次 　2．面積、高さ、構造、材質等 　3．設計、設備等の機能性 　4．施工の質と量 　5．耐震性、耐火性等建物の性能 　6．維持管理の状態 　7．有害な物質の使用の有無及びその状態 　8．建物とその環境との適合の状態 　9．公法上及び私法上の規制、制約等 Ⅲ　建物及びその敷地に関する個別的要因 　　前記Ⅰ及びⅡに例示したもののほか、建物及びその敷地に関する個別的要因の主なものを例示すれば、敷地内における建物、駐車場、通路、庭等の配置、建物と敷地の規模の対応関係等建物等と敷地との適応の状態がある。 　　さらに、賃貸用不動産に関する個別的要因には、賃貸経営管理の良否があり、その主なものを例示すれば、次のとおりである。 　1．借主の状況及び賃貸借契約の内容 　2．貸室の稼働状況 　3．修繕計画及び管理計画の良否並びにその実施の状態

（資料）　第3および新評価基準の該当箇所より抜粋。第3の㈡は新のⅡ、第3の㈢は新のⅢに対応、アンダーライン部分は追加修正箇所である。

4　建物の価格形成要因

　建物と建物及びその敷地の価格形成要因（個別的要因）について、新評価基準は配意し項目を充実させている（**図表**Ⅱ-6-4参照）。旧規定の建物等の個別的要因は第2・評価基準と同じであり、実に30年間改訂されず放置されていたことになる。

　新評価基準は、耐震性、維持管理、有害物質の有無などのほか増改築も規定しているが、建築年次までで、コンバージョンの立場からみて不足である。

図表II-6-5　区分所有建物及びその敷地の個別的要因対比表

第3・評価基準	新評価基準
1　区分所有建物及びその敷地の価格形成要因 　区分所有建物及びその敷地における固有の個別的要因を例示すれば次のとおりである。 イ　区分所有建物が存する一棟の建物及びその敷地に係る個別的要因 　(イ)　建物に係る要因 　　a　施工の良否 　　b　建物の経過年数及び残存耐用年数 　　c　建物の構造、設計、設備等の良否 　　d　玄関、集会室等の施設の状態 　　e　建物の階数 　　f　建物の用途及び利用の状態 　　g　管理の良否 　　h　居住者、店舗等の構成の状態 　(ロ)　敷地に係る要因 　　a　敷地の形状及び空地部分の広狭の程度 　　b　敷地内施設の状態 　　c　敷地の規模 　　d　敷地に関する権利の態様	1．区分所有建物及びその敷地の価格形成要因 　区分所有建物及びその敷地における固有の個別的要因を例示すれば次のとおりである。 (1)　区分所有建物が存する一棟の建物及びその敷地に係る個別的要因 　①　建物に係る要因 　　ア　建築（新築、増改築又は移転）の年次 　　イ　面積、高さ、構造、材質等 　　ウ　設計、設備等の機能性 　　エ　施工の質と量 　　オ　玄関、集会室等の施設の状態 　　カ　建物の階数 　　キ　建物の用途及び利用の状態 　　ク　維持管理の状態 　　ケ　居住者、店舗等の構成の状態 　　コ　耐震性、耐火性等建物の性能 　　サ　有害な物質の使用の有無及びその状態 　②　敷地に係る要因 　　ア　敷地の形状及び空地部分の広狭の程度 　　イ　敷地内施設の状態 　　ウ　敷地の規模 　　エ　敷地に関する権利の態様 　③　建物及びその敷地に係る要因 　　ア　敷地内における建物及び附属施設の配置の状態 　　イ　建物と敷地の規模の対応関係 　　ウ　長期修繕計画の有無及びその良

ロ　専有部分に係る個別的要因 　a　階層及び位置 　b　日照、眺望及び景観の良否 　c　室内の仕上げ及び維持管理の状態 　d　専有面積及び間取りの状態 　e　隣接不動産等の利用の状態 　f　エレベーター等の共用施設の利便性の状態 　g　敷地に関する権利の態様及び持分	<u>否並びに修繕積立金の額</u> (2)　専有部分に係る個別的要因 　①　階層及び位置 　②　日照、眺望及び景観の良否 　③　室内の仕上げ及び維持管理の状態 　④　専有面積及び間取りの状態 　⑤　隣接不動産等の利用の状態 　⑥　エレベーター等の共用施設の利便性の状態 　⑦　敷地に関する権利の態様及び持分 　<u>⑧　区分所有者の管理費等の滞納の有無</u>

（資料）　第3および新評価基準の該当箇所より抜粋。アンダーライン部分は追加修正箇所である。

　改築による効用の増加についても規定が望まれる。また、賃貸用不動産に関する事項が新設され、貸室の稼働状況、修繕の良否等も規定され前評価基準に比してかなりの充実であるが、「将来の収入見通し」等の収益資産の本質的な要因も追加すべきである。マンション等の区分所有権に係わる規定の追加は適切である。

　建物等については、評価基準のほか留意事項においても規定が新設され充実がみられる。建物の性能について「住宅の品質確保の促進等に関する法律」にもとづく性能表示基準の内容は適切である。「高齢者に対する配慮」は妥当であるが、バリアフリー等の具体的内容も明記したい。

　維持管理については、破損、老朽化等および保全に留意すべきことをこれに加えて具体的事項も記載すべきである。有害物質についてアスベスト等を挙げ適切であるが、コンバージョンにおいては内装撤去が通常であり無関係の事項と思われる。

　賃貸用不動産に対しては、賃借人の状況、特に賃料の支払状況、オフィスビルに対するものと思われる借主の業種、企業規模等を内容としているが、総合的観点から同列の事項も規定したい。契約については、最近になって増加して

図表 II-6-6　留意事項における建物等の個別的要因

●建物に関する個別的要因について
(1) 設計、設備等の機能性
　　基準階面積、階高、床荷重、情報通信対応設備の状況、空調設備の状況、電気容量等に特に留意する必要がある。
(2) 建物の性能
　　建物の耐震性については、建築基準法にもとづく耐震基準との関係について特に留意する必要がある。また、建物の構造の安定、火災時の安全、劣化の軽減、維持管理への配慮、温熱環境、空気環境、光・視環境、音環境、高齢者等への配慮に関する事項については、住宅の場合、住宅の品質確保の促進等に関する法律にもとづく日本住宅性能表示基準による性能表示を踏まえることに留意する必要がある。
(3) 維持管理の状態
　　屋根、外壁、床、内装、電気設備、給排水設備、衛生設備等に関する破損・老朽化等の状況および保全の状態について特に留意する必要がある。
(4) 有害な物質の使用の有無およびその状態
　　建設資材としてのアスベストの使用の有無および飛散防止等の措置の実施状況ならびにポリ塩化ビフェニル（PCB）の使用状況および保管状況に特に留意する必要がある。
●建物及びその敷地に関する個別的要因について
(1) 借主の状況および賃貸借契約の内容
　　賃料の滞納の有無およびその他契約内容の履行状況、借主の属性（業種、企業規模等）、総賃貸可能床面積に占める主たる借主の賃貸面積の割合に特に留意する必要がある。
(2) 修繕計画および管理計画の良否ならびにその実施の状態
　　大規模修繕に係る修繕計画の有無および修繕履歴の内容、管理規約の有無、管理委託先、管理サービスの内容等に特に留意する必要がある。

いるサブリースやマンスリーマンションの経営方式を追加することが望ましい。

5　原価法

　用途変更の不動産において求める価格は、総合的観点からは建物及びその敷地であるが、主要対象は建物であり、建物評価は主として原価方式の原価法に

より求められる。原価は一定量の生産物または用益を得るために費やされた価値であり、その生産物等の価格の実体をなすものである。建築物等の再調達しうる不動産の価格を判定する場合、当該不動産価格の実体をなす原価に着目して判断することは適切な方法である。

原価法は、取得価格について減価償却を行う企業会計の方法を評価に取り入れたものである。原価法の減価修正手法である定額法、定率法等は、企業会計の減価償却のそれと同じ形式である。しかし、目的は本質的に異なっている。企業会計の場合、減価償却を行う資産価格は一般に取得価格であるのに対し、不動産鑑定評価の減価修正対象は価格時点における新規調達価格であって、前者は定まった価格であるのに対し、後者は判断を必要とする。

また、減価償却は期間的損益計算を正確に行うために取得価格を適正に費用配分することを目的としているが、減価修正は上限値としての再調達原価から価値の減少に伴う控除であって、両者は異なる手法である。原価法は、価格時点における対象不動産の再調達原価を求め、その価格について減価修正を行って積算価格を求める手法である。コンバージョンにおいては、再調達原価を求める場合等に従来にない特別の配慮を必要とする。

(1) **再調達原価**

再調達原価は、対象不動産を価格時点において再調達することを想定した場合に必要とされる適正な原価の総額である。再調達原価は、価格時点に新築された建物等を例外として一般に過去に建設された不動産を現在にひきなおして価格を求める。

この価格は、建設請負により請負者が発注者に対して直ちに使用可能な状態で引き渡す通常の場合を想定し、発注者が請負者に対し支払う標準的な建設費に付帯費用を加算して求められる。通常のケースで建設後に維持補修程度で年月が経過した建物等は問題ないが、大規模な改築を行った場合、再調達原価および耐用年数をどのように求めるべきかが問題となる。現在の評価理論は、この場合について手法を示しておらず、適正な再調達原価を求めるための実践理

論の構築が必要である。
　減価修正は、減価の要因により発生した減価額を対象不動産の再調達原価から控除して、価格時点における対象不動産の適正な積算価格を求める評価手順である。減価修正においては、減価要因に着目して対象不動産を部分的かつ総合的に分析検討し減価額を求める。

(2) 減価要因と減価修正

　減価修正は、減価の要因により発生した減価額を対象不動産の再調達原価から控除して、価格時点における対象不動産の適正な積算価格を求める評価手順である。減価修正においては、減価要因に着目して対象不動産を部分的かつ総合的に分析検討し減価額を求める。

① 減価要因

　減価要因は、物理的要因、機能的要因および経済的要因に分けられる。これは現実に発生する減価の現象を三つの観点から分類したもので、実態は相互に関連し影響を与え合い作用している。

　　a　物理的要因は、不動産を使用することによって生ずる摩滅および破損、時の経過または自然的作用によって生ずる老朽化ならびに偶発的損傷などによる要因であり、基本的な減価要因である。

　　b　機能的要因は、不動産の機能的陳腐化である建物と敷地の不適応、設計の不良、形式の旧式化、設備の不足とその能率の低下などによる要因であり、機能の観点からの減価要因である。

　　c　経済的要因は、不動産の経済的不適応である近隣地域の衰退、不動産とその付近の環境との不適応、不動産と付近の不動産との比較における市場性の減退などによる要因であり、主として地域適合の減価要因である。

② 減価修正の手法

　減価修正は、減価要因を分析して求めた減価額を再調達原価から控除する手順であり、「耐用年数にもとづく方法」と「観察減価法」の二つの方法がある。

〈耐用年数にもとづく方法〉

耐用年数にもとづく方法には、定額法、定率法等があるが、ここでは定額法を取り上げ適正な減価額を考える。

定額法は、発生する減価が不動産の耐用期間を通じて毎年一定額であるという前提による減価手法であり、減価額の計算は**図表II-6-7**のいずれかの式による。

この方法は、減価累計額が経過年数に正比例して増加するため一次直線として図表に描かれるので直線法ともよばれる。最も簡便な手法であるが、不動産は必ずしも一定額ずつ減価するとは限らず、個別性を有する実際の減価と一致しない場合がある。そのため、後記の観察減価法を併用し補完すべきとされている。

図表II-6-7　定額法による減価式

D_n …経過年数n年後における減価累計額
C ……当該不動産の再調達原価
R ……耐用年数満了時の残価率
N ……当該不動産の耐用年数
n ……価格時点までの経過年数
n' …価格時点からの残存耐用年数

$$D_n = C\left\{(1-R)\frac{n}{N}\right\} \quad \cdots\cdots\cdots [1]$$

$$D_n = C\left\{(1-R)\frac{N-n'}{N}\right\} \quad \cdots\cdots [2]$$

$$D_n = C\left\{(1-R)\frac{n}{n+n'}\right\} \quad \cdots\cdots [3]$$

［1］式は、定額法の基本式であり直線法の手法である。減価の個別性に対応して、実態により「経済的な残存耐用年数」を判断する手法が［2］および［3］の式である。この二式は、耐用年数にもとづく方法の一部に後記の観察減価法を取り入れたものといえ、現実の鑑定評価ではこの式が適用されている。

建物の耐用年数については、一応の目安として会計における減価償却に採用されている耐用年数が用いられる（**図表II-6-8**）。しかし、対象不動産の実態に即応した適切な判断が要請される。

［2］および［3］式は減価の個別性に合致したすぐれた手法であるが、後記の観察減価法が一部取り入れられたものであり、このn'の判断がきわめて重要である。一例として、再調達原価2,000万円、耐用年数20年の建物で、新築後8年経過、残価率0のケースで［1］式を適用した場合は、減価額は800万円、積算価格は1,200万円と求められる。維持補修等が適切であってn'が16年と判断され、［2］式を適用すると、減価額は400万円、積算価格は1,600万円に増加する。

コンバージョンにおいては、新築と異なり、図表II-6-8はあまり参考とならず、改築時に直ちにn′を判定する必要がある。この数値は、改築時以降の収入期間と密接な関連があり、収益価格および融資期間にも影響する重大な判定となるので、適正な根拠にもとづき、的確な判断が要請される。

〈観察減価法〉

観察減価法は、対象不動産に対し維持管理の状態、補修の状況等その実態を調査することにより、減価額を直接求める方法である。この方法は、耐用年数にもとづく方法が画一的であるのに対し個別的であり、鑑定評価の主体による判断が適切である場合、不動産の実情に合致した減価額が得られる。

この方法は、有形の状態に対する観察が基礎となっており、時の経過による材質の劣化等、外部観察のみでは発見できない減価要因を見落すおそれがある。また、恣意的な判断に陥る危険性を持っており、耐用年数にもとづく方法と併用すべきである。

図表II-6-8　建物耐用年数表

構造・用途	細目	耐用年数
木造・合成樹脂造のもの	事務所用のもの	24
	店舗用・住宅用のもの	22
	飲食店用のもの	20
	旅館用・ホテル用・病院用・車庫用のもの	17
木骨モルタル造のもの	事務所用のもの	22
	店舗用・住宅用のもの	20
	飲食店用のもの	19
	旅館用・ホテル用・病院用・車庫用のもの	15
鉄骨鉄筋コンクリート造・鉄筋コンクリート造のもの	事務所用のもの	50
	住宅用のもの	47
	飲食店用のもの　延面積のうちに占める木造内装部分の面積が30％を超えるもの	34

	その他のもの	41
	旅館用・ホテル用のもの	
	延面積のうちに占める木造内装部分の面積が30％を超えるもの	31
	その他のもの	39
	店舗用・病院用のもの	39
	車庫用のもの	38
	公衆浴場用のもの	31
	工場用・倉庫用のもの（一般用）	38
れんが造・石造・ブロック造のもの	事務所用のもの	41
	店舗用・住宅用・飲食店用のもの	38
	旅館用・ホテル用・病院用のもの	36
	車庫用のもの	34
金属造のもの	事務所用のもの	
	骨格材の肉厚が、（以下同じ）	
	4mmを超えるもの	38
	3mmを超え、4mm以下のもの	30
	3mm以下のもの	22
	店舗用・住宅用のもの	
	4mmを超えるもの	34
	3mmを超え、4mm以下のもの	27
	3mm以下のもの	19
	飲食店用・車庫用のもの	
	4mmを超えるもの	31
	3mmを超え、4mm以下のもの	25
	3mm以下のもの	19
	旅館用・ホテル用・病院用のもの	
	4mmを超えるもの	29
	3mmを超え、4mm以下のもの	24
	3mm以下のもの	17

（資料）　平成14年・青色申告決算書(不動産所得用)の「主な減価償却資産の耐用年数表」（財務省）より抜粋し作成した。

6 収益還元法

　不動産の価格形成の過程を考察し、評価の指針とした11の価格原則の一つに予測の原則があり、次の内容である。
　「財の価格は、その財の将来性等についての予測を反映して定まる。不動産の価格も、価格形成要因の変動についての予測によって左右される。」
　収益還元法は、対象不動産が将来生み出すと予測される純収益の現価の総和を求めるものであり、収益の予測に依存する手法である。鑑定評価の三方式において他の二方式、原価方式および比較方式が過去から現在までの事例で現在価格が求められるのに対し、収益方式において事例は将来の収益予想の資料にすぎない。ここに、この手法の難しさがある。

(1) 純収益

　収益還元法は、収益目的の不動産、賃貸用不動産および企業用不動産の価格を求めるにあたって有効であり、有用な手法である。純収益は、不動産に帰属する適正な収益であり、一般に年間を単位とし、総収益から総費用を控除して求められる。収益は、賃貸用不動産から生ずるものと企業用不動産からのものに大別されるが、鑑定評価の実際において後者はほとんど求められていないので、以下は還元方法も含めて賃貸用不動産を対象とする。
　総収益は、実際支払賃料を主体とし、保証金などの預り金の運用益、権利金などの運用益および償却額等を加えた額である。総収益は、賃貸人に支払われるすべての経済的対価であって、上記のほか附加使用料、共益費等の名目で支払われる費用のうち実質的に賃料に該当する額も加えて算定する。
　総収益から控除して純収益を求める総費用は、不動産を賃貸して収益を挙げるため直接的に必要とする継続的な費用であり、通常は次の費用である。
　　a 減価償却費、b 維持管理費、c 公租公課、d 損害保険料、e 貸倒れ準備費、f 空室等による損失相当額

上記のうち、a は現金支出のない損益上の経費であり、e および f は収入に係る額であるが経費として計上する定めとしている。

総収益と総費用は、前記のとおり将来の額を予測するものであり、現在の実績はその資料であって難しい判断を必要としている。

(2) 還元利回りと割引率

この二つの利回りは、不動産の収益性をあらわすものであり、収益価格を求める利率であるが、次の相違点がある。

還元利回りは、直接還元法の収益価格およびDCF法の復帰価格の算定において、一期間の純収益から対象不動産の価格を求める際に使用される利率であり、将来収益に影響を与える要因の変動予測と予測に伴う不確実性を含んでいる。

割引率は、DCF法においてある将来時点の収益を現在時点の価値に割り戻す際に使用される利率であり、還元利回りに含まれる変動予測等を除いた利率である。

(3) 収益還元の方法

収益還元とは、求められた純収益と利回りを用いて対象不動産の収益価格を求める手順であり、対象不動産が将来生み出すであろうと期待される純収益の現価の総和を求めることである。次の二つの方法がある。

① 直接還元法

一期間の純収益を還元利回りによって還元することにより、不動産の収益価格を求める方法であり、次式で求められる。

$$P = \frac{a}{R}$$

P……求める不動産の収益価格

a……一期間の純収益

R……還元利回り

② DCF法 (Discounted Cash Flow Analysis)

図表II-6-9 DCF法の仕組み

$$P=\sum_{k=1}^{n}\frac{a_k}{(1+r)^k}+\frac{P_R}{(1+r)^n}$$

P ……求める不動産の収益価格
a_k ……毎期の純収益
P_R ……復帰価格
n ……保有期間（分析期間）
r ……割引率
$P^R = a^{n+1}/R_t$
R_t ……最終還元利回り

DCF法は、連続する複数の期間に発生する純収益および復帰価格を、その発生時期に応じて割り引き、それぞれを合計することにより、不動産の収益価格を求める方法である。

直接還元法が定額の純収益を還元するため将来の収益変動に対し正鵠を欠くと批判されていることを改善した手法であり、各年度の純収益を個別に還元する部分と、直接還元法で求め現在価値に割り引く部分の二つで構成される。

この手法は、直接還元法が毎年の純収益を定額とする計量を改善したもので、図表II-6-9の式で求められる。直接還元法は、主として現在の特定年度の純収益を還元利回りで還元するため将来の純収益の変動に対応できないが、構造が単純であるため適用が容易である長所も有することから活用すべきである。

DCF法は、直接還元法の短所を是正した多年度にわたり変動する純収益をとらえる手法であり、精密な評価手法である。しかし、収益予測において直接還元法より難しい判断を必要とし、適切な資料の収集と的確な予測が収益価格の精度を左右することに留意しなければならない。

変更後を予測する評価は、効用増加を適正に計量するためDCF法を中心に適用すべきである。コンバージョンにおいて融資期間（kの対象期間）が5年間のケースでは、5年について各年の純収益を個別に求め割り引いて当該期間対応の価格部分を求める。次いで期限翌年以降の価格部分を直接還元で求め、さらに現在価値に割り引いた部分を算定し、期間対応価格部分と合算して対象不動産の収益価格を求める。

7───コンバージョンの税金

井出　真

1　はじめに ── コンバージョンの主体とその後の所有形態

　コンバージョンの税金を考えるとき、あらかじめ次のことを想定してから検討する必要がある。まず一つは誰がコンバージョンをするのか、もう一つはコンバージョンをした後で分譲するのか、あるいは賃貸するのか、の2点である。それにより、次のようなパターンが考えられる。
- パターン1：事務所ビルのオーナー＝コンバージョンの主体が、コンバージョン後賃貸する。
- パターン2：事務所ビルのオーナー＝コンバージョンの主体が、コンバージョン後分譲する。
- パターン3：事務所ビルのオーナー≠コンバージョンの主体が、コンバージョン後賃貸する。
- パターン4：事務所ビルのオーナー≠コンバージョンの主体が、コンバージョン後分譲する。

　パターン3、4では、コンバージョン以前の事務所ビルの売買が行われる。また、パターン2、4では、コンバージョン後のマンションの売買が行われる。さらに、パターン1、3では、コンバージョン後のマンションの賃貸が行われる。

2　それぞれの局面で生じる税金

前記1のパターンごとに具体的に検討すると、それぞれの局面で生じる税金は、次のとおりとなる。

(1) 事務所ビルの売買時の税金（パターン3、4）

① 譲渡益課税

事務所ビルを売却するオーナーに課税される。法人であれば、所得（譲渡益）に対して法人税・住民税・事業税が課税される。個人の不動産業者であれば、事業所得(注)に対して所得税・住民税・事業税が課税される。また、譲渡損失が生じていれば、法人の所得や個人の事業所得は減少する。ただし、この譲渡益課税はコンバージョンに関連しなくても同様である。他に、建物の譲渡対価に消費税および地方消費税が、売買契約書に印紙税が課税される。

　　（注）　譲渡所得、雑所得になるケースもある。

② 不動産取得税・登録免許税等

事務所ビルを購入するコンバージョンの主体に課税される。不動産の取得に対して不動産取得税、所有権移転登記に対して登録免許税が課税される。現時点において、コンバージョンの主体に課税される不動産取得税・登録免許税（いわゆる流通税）に対する特例はない(注)。なお、特別土地保有税は、平成15年度以降適用停止となっている。

　　（注）　特定目的会社（SPC）や投資法人が不動産を取得したときの流通税に関しては、次のような特例がある（租税特別措置法第83条の4、地方税法附則第11条第13号、第23号、同法附則第31条の2の2）。

税金の種類	本　　則	特　　例
登録免許税	税率　10%＊ 2％	税率　0.6％
不動産取得税	課税標準×3％	課税標準×1/3×3％

＊平成18年3月31日までの税率

特定目的会社（ＳＰＣ）は、資産の流動化に関する法律により設立された社団であり、投資法人は、投資信託及び投資法人に関する法律により設立された社団である。これに対し、コンバージョンの主体は、このような特定の目的（不動産の流動化・証券化）を持ち、かつ、特定の法律にもとづき設立されたものではない。したがって、コンバージョンの主体に対する流通税の特例は、将来的にも可能性が少ないといえる。むしろ、不動産流通の活性化のためにさらなる全般的な流通税の軽減を求めるべきであろう。

(2) コンバージョン時の税金（パターン1～4）

コンバージョンをすることにより、家屋の固定資産税評価額がどのように変わるかがポイントとなる（3で後述する）。仮に、コンバージョン後の評価額が増加すれば、不動産取得税が課税されることが考えられる(注)。なお、登記簿の表題部において、用途を事務所から共同住宅へ変更するだけであれば、登記手数料を考慮しなくてよい。しかし、パターン2、4のように分譲をするとき等には、区分所有建物としての表示登記が必要となる。この場合には、土地家屋調査士に依頼しなければならない。費用は物件によるが、専有部分や敷地権の共有持分等を確定するための測量が当然必要になるので、工事費用と同様にあらかじめ見積もっておく必要があろう。

(注) 不動産取得税では、建築とは、家屋を新築し、増築し、または改築することをいう（地方税法第73条第1項第6号）。また、家屋の取得のうち建築に係るものにあっては、1戸(共同住宅等にあっては、居住の用に供するために独立的に区画された1の部分をいう)につき23万円の免除点がある。つまり、コンバージョンにより、仮に、固定資産税評価額が増加しても、増加額が23万円/戸未満であれば、不動産取得税は免除になる。

(3) コンバージョン後のマンションの売買時の税金（パターン2、4）

① 譲渡益課税

マンションとして売却するコンバージョンの主体に課税される。法人であれば、所得（譲渡益）に対して法人税・住民税・事業税が課税される。個人の不動産業者であれば、事業所得(注)に対して所得税・住民税・事業税が課税される。また、譲渡損失が生じていれば、法人の所得や個人の事業所得は減少する。た

だし、この譲渡益課税はコンバージョンに関連しなくても同様である。他に、建物の譲渡対価に消費税および地方消費税が、売買契約書に印紙税が課税される。

　（注）　譲渡所得、雑所得になるケースもある。

② **不動産取得税・登録免許税等**

　マンションを購入するエンドユーザーに課税される。不動産の取得に対して不動産取得税、所有権移転登記に対して登録免許税が課税される。また、住宅取得のための借入金（または債務）を有する取得者に対しては、住宅ローン控除の適用が考えられる。これらの税金に関しては、特例等の適用が問題となる（4で後述する）。

(4)　**コンバージョン後のマンションの保有時の税金**（パターン1～4）

　コンバージョンの主体や分譲後のエンドユーザーが、マンションを保有していることに対して、毎年、固定資産税や都市計画税が課税される。事務所ビルをマンションに用途変更すると、その敷地が住宅用地となり固定資産税等が大幅に減額される（5で後述する）。

(5)　**コンバージョン後のマンションの賃貸時の税金**（パターン1、3）

　マンションとして賃貸するコンバージョンの主体に課税される。法人であれば、所得に対して法人税・住民税・事業税が課税される。個人であれば、不動産所得に対して所得税・住民税が課税される。再生賃貸住宅供給促進税制により、改良優良賃貸住宅に該当した場合、減価償却において10％の特別償却が認められる（6で後述する）。また、賃貸による損失が生じていれば、法人の所得や個人の不動産所得は減少する。

3 家屋の固定資産税評価額について

(1) 家屋の評価方法

　不動産取得税、登録免許税、固定資産税、都市計画税は課税標準として固定資産税評価額を用いている。したがって、コンバージョンにより家屋の固定資産税評価額がどうなるかによって、これらの税額が異なってくる(家屋の評価方法については**図表Ⅱ-7-1**参照)。このように、家屋の評価額は、主に、評点数によって変動するが、コンバージョンにより再建築費評点数と経年減点補正率がどう変わるかがポイントとなる。

(2) 再建築費評点数について

　再建築費評点数は、部分別、評点項目別に決められている。したがって、次のようになる。
　① コンバージョンにより変更しない部分については、増減(プラスマイナス)しない。
　　　(例)　主体構造部、基礎工事、外周壁骨組、外部仕上、屋根仕上等
　② コンバージョンにより変更する部分については、増減(プラスマイナス)する。
　　　(例)　間仕切骨組、内部仕上、床仕上、天井仕上、建具、建築設備等
　③ コンバージョンにより増加・減少する部分については、増減(プラスマイナス)する。
　　　(例)　建具、建築設備等
　したがって、再建築費評点数がコンバージョンにより増減するときは、②変更により評点数が増減する場合、③建具や建築設備等の除却や増加により評点数が増減する場合となる。つまり、再建築費評点数が増加または減少するかは、コンバージョン前(事務所仕様)と後(マンション仕様)で比較しないと判明しな

図表 II-7-1　家屋評価のしくみ

(出所：『評価ハンドブック（平成15年度固定資産評価基準）』固定資産税務研究会編、財団法人地方財務協会、平成15年5月発行)

◎新増分家屋の評価

評価額 = 再建築費評点数 × 評点一点当たりの価額

再建築費評点数 = 評点数 × 評点一点当たりの価額

評点数 = 再建築費評点数 × 損耗の状況による減点補正率 × 需給事情による減点補正率（必要がある場合）

再建築費評点数 = 標準評点数 × 補正係数 × 計算単位の数値

損耗の状況による減点補正率 = 経年減点補正率 損耗減点補正率

評点一点当たりの価額 = 1円 × 物価水準による補正率 × 設計管理費等による補正率

○再建築費評点基準表
　木造家屋（別表第8）17種類
　非木造家屋（別表第12）12種類
　単位当たり標準評点数（別表第12の2）
　プレハブ構造建物（準則）
　丸太組構法建物（準則）

○経年減点補正率基準表
　木造家屋（別表第9）9種類
　非木造家屋（別表第13）9種類
　（積雪地域又は寒冷地域の級地の区分（別表第9の2））
○部分別損耗減点補正率基準表
　木造家屋、非木造家屋（別表第10）

○物価水準による補正率
　木造家屋　1.00、0.95、0.90
　非木造家屋　1.00
○設計管理費等による補正率
　木造家屋　1.05
　非木造家屋　1.50

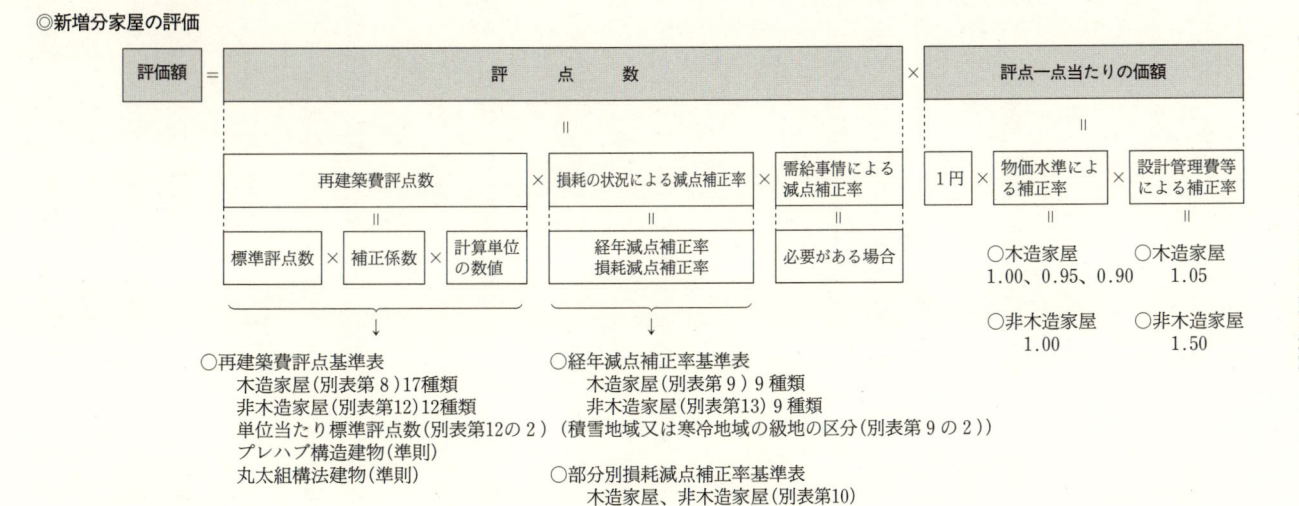

◎在来分家屋の評価

評価額 = 再建築費評点数 × 評点一点当たりの価額

再建築費評点数 = 前評価基準による再建築費評点数 × 再建築費評点補正率

評点数 = 再建築費評点数 × 損耗の状況による減点補正率 × 需給事情による減点補正率

（同上）　　（同上）

評点一点当たりの価額 =（同上）

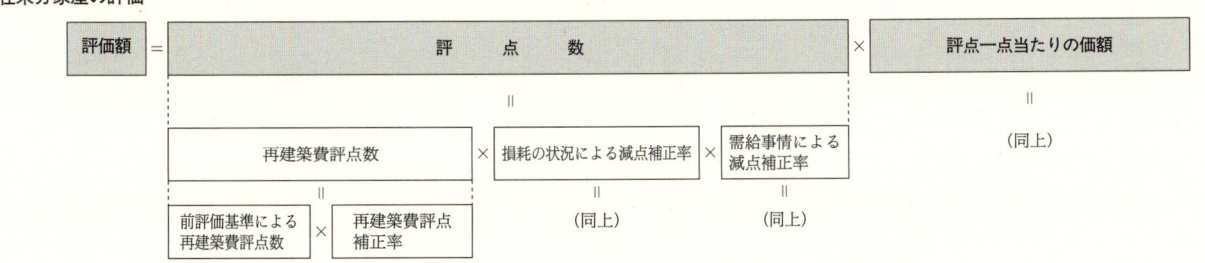

※ただし、評価替えした価額が前年度の価格を上回った場合は、前年度の価格に据え置かれる（経過措置）。

図表Ⅱ-7-2　SRC、RCの経年減点補正率

用　　途		事　務　所	住　　宅
耐　用　年　数		65年	60年
経過年数と経年減点補正率	1年	0.9877	0.8000
	2年	0.9754	0.7500
	3年	0.9631	0.7000
	4年	0.9508	0.6912
	5年	0.9385	0.6825
	6年	0.9262	0.6737
	7年	0.9139	0.6649
	8年	0.9015	0.6561
	9年	0.8892	0.6474
	10年	0.8769	0.6386
	15年	0.8154	0.5947
	20年	0.7539	0.5509
	25年	0.6923	0.5070
	30年	0.6308	0.4632

い。コンバージョンに資金投入したからといって、再建築費評点数が増加するとは限らないのである。

(3) 経年減点補正率について

　損耗の状況による減点補正率は、経年減点補正率と損耗減点補正率による。このうち経年減点補正率は、構造用途によって異なる。コンバージョンにより事務所から住宅に用途を変更した場合、この補正率をそのまま用いると、住宅

用途の方が約0.2前後低くなっている。つまり、再建築費評点数が変わらなければ、コンバージョン後（マンション用途）は、固定資産税評価額がかなり安くなる。したがって、各地方公共団体で用途変更があった場合の経年減点補正率の適用について何らかの措置がとられる可能性もある。しかし、以前の事務所用途の経年減点補正率との連続性から、コンバージョン後のマンションの固定資産税評価額算出において、経年減点補正率を高いままにされると、同等の中古マンションに比べ、固定資産税評価額が割高となってしまう。この点を配慮し、コンバージョン後のマンションが住宅として不利な扱いを受けないような評価が望まれる。

　このように、コンバージョン後のマンションの固定資産税評価額の決定においては、さまざまな検討課題がある。したがって、その都度地方公共団体との話し合いが必要である。

4　マンションを取得するエンドユーザーの税金について

　次に、コンバージョン後の分譲マンションの購入時の税金について検討する。住宅およびその敷地を取得する際の税金ではさまざまな特例があるが、新築住宅以外では必ず築年数が要件となっている。そこで、まず、コンバージョン後のマンションの築年数が、単純に従前の事務所ビルの新築年月日からと判断されるのか、という疑問が生じる。しかし、結論的には、コンバージョンによっても、建物登記簿の表題部に記載されている新築年月日は変更できないであろうから、通常、築年数は従前の事務所ビルの新築年月日からとなるであろう。

(1)　不動産取得税について

　不動産取得税において、自己居住用の既存住宅は、「人の居住の用に供されたことがある住宅で（以下、略）」（地方税法第73条の14第3項カッコ書き）とされている。この規定によれば、コンバージョン後のマンションを取得しても、コンバージョン以前に人の居住の用に供されたことがなければ、住宅の課税標準の

特例(注1)と住宅用地の税額の減額の特例(注2)が受けられないことになる。そのような取り扱いになると、コンバージョン後のマンション取得に対する不動産取得税の負担は、たとえば、区分所有形態のオフィスビルを取得するのと何ら変わらないこととなる。このことは、通常の分譲マンション購入に比べ負担がかなり重くなる。また、これらの特例は、いわゆるセカンドハウスにも適用される。セカンドハウスとは、「例えば、週末に居住するため郊外等に取得する家屋、遠距離通勤者が平日に居住するため職場の近くに取得する家屋等、毎月1日以上の居住の用に供するもの」とされている。このセカンドハウスには適用されるのに対し、主たる自己居住用として取得しても、かつて人の居住の用に供されたことがないとの理由でコンバージョン後のマンションには適用されないというのは、いかにも不公平である。

（計算例）

Aマンション（新築）		Bマンション（築12年）	
固定資産税評価額(家屋)	1,000万円	固定資産税評価額(家屋)	800万円
固定資産税評価額(土地)	500万円	固定資産税評価額(土地)	500万円

　Aマンションは、床面積要件を満たせばどちらも特例によりゼロ円となる。Bマンションが、いわゆる中古マンションのときも新築同様にゼロ円となる。ただし、Bマンションがコンバージョン後であり、かつて人の居住の用に供されたことのないマンションの場合、次のように課税されることが考えられる。

　（家屋）　　800万円×3％＝24万円
　（土地）　　500万円×1/2＊×3％＝7万5,000円
　　　　　　＊宅地の課税標準は、固定資産税評価額の2分の1となる。

(注1)　住宅の課税標準の特例（地方税法第73条の14第1項、同条第3項、同法施行令第37条の16、同第37条の17、同第37条の18、同法施行規則第7条の6の2）
　　　次に該当する場合、住宅の課税標準（固定資産税評価額）から一定額を控除する。

区　分	新築住宅	既存住宅
用　途	住宅の用（貸家住宅も可）	自己の居住用
種　類	新築住宅	築後20年（耐火住宅は25年）以内の中古住宅
床面積	50㎡（貸家共同住宅は40㎡）以上240㎡以下	50㎡以上240㎡以下
控除額	1,200万円/戸	350～1,200万円/戸

＊この特例は、セカンドハウス（月に1日以上滞在する住宅）を対象に含み、別荘は対象外となる。

（注2）　住宅用地の税額の減額（地方税法第73条の24第1項、同条第2項、同法附則第10条の2第2項、同条第3項、同法附則第11条の5第2項、同法施行令第39条の2の4）
次の①、②のいずれか多い金額が土地の取得に係る税額から控除される。
① 45,000円
② 土地1㎡当たりの価格×住宅の床面積の2倍×3％（1戸当たり200㎡が限度）
ただし、住宅用地の取得者が、一定期間内に特例適用住宅を取得した場合に限られる。
　(イ)　取得時期の要件

新築住宅の敷地	住宅と併せて取得	自己居住用を取得 自己居住用以外を取得（新築後1年以内）
	住宅より先に取得	敷地を取得してから原則3年以内に住宅を新築
	住宅より後に取得	敷地を取得する日前1年以内に住宅を新築
中古住宅の敷地	住宅より先に取得	敷地を取得してから1年以内に住宅を取得
	住宅より後に取得	敷地を取得する日前1年以内に住宅を取得

　(ロ)　特例適用住宅とは、（注1）の要件を満たす住宅をいう。

　また、不動産取得税に限らず、さまざまな税金の特例適用要件として既存住宅の築後経過年数がある。つまり、堅固建物であっても築25年を超えると、既存住宅の築後経過年数要件のある特例は適用されない。コンバージョンによる

建物ストックの長期循環を実現するため、将来的には、築後経過年数による区別ではなく、耐震や避難通路、採光等の基準を満たすものについては、住宅に対する特例が適用できるようになることが望まれる。

(2) **登録免許税について**

コンバージョン後のマンション購入時に必要となる主な登記の種類と税率は次のとおりである（登録免許税法第9条、同法別表第1、租税特別措置法第72条）。

登記の種類・原因	平成18年3月31日まで	平成18年4月1日以後
所有権の保存登記	0.2％	0.4％
売買による所有権移転登記	1％	2％
抵当権の設定登記	0.4％	0.4％

なお、住宅用家屋に対しては軽減税率の特例(注)がある。この特例は、住宅用家屋証明書の添付が必要となる。コンバージョン後のマンションに関しても、具体的には、①市区町村の建築指導課等において、将来、住宅用に供する家屋と判断され、かつ、②所有者が住民登録すれば、特例が適用されると考える。ただし、築後経過年数要件がある。

(注) 住宅用家屋の軽減税率（租税特別措置法第72条の2、同法第73条、同法第74条、同法施行令第41条、同法施行令第42条、同法施行令第42条の2、同法施行規則第25条、同法施行規則第25条の2、同法施行規則第26条）

新築または取得後1年以内に受ける、住宅用家屋の保存登記・移転登記・抵当権設定登記(住宅取得資金の貸付け等に係るもの)については、次表の軽減税率の特例がある。

対　象	自己居住用住宅
床面積	50m²以上
築年数	築後20年（耐火住宅は25年）以内
期　間	新築・取得後1年以内
添付書類	住宅用家屋証明書（家屋所在地の市町村長の証明書）
所有権の保存登記	0.15%
所有権の移転登記	0.3%
抵当権の設定登記	0.1%

(3) **住宅借入金等を有する場合の所得税額の特別控除**
（住宅ローン控除、租税特別措置法第41条）

　既存住宅およびその敷地を取得し、住宅ローン控除の適用を受けるための添付書類は次のとおりである。
　① 既存住宅およびその敷地の登記事項証明書（謄本または抄本）
　② 売買契約書等
　③ 取得者の住民票の写し
　④ その他（借入金や債務に関するもの……年末残高証明書等、計算明細書）
　これらの添付書類は、コンバージョン後のマンションにおいても揃えることができ、したがって、住宅ローン控除は適用されると考える。ただし、築後の経過年数要件がある。

5　固定資産税・都市計画税について

　毎年、1月1日現在（賦課期日）のコンバージョン後のマンション所有者に対して、固定資産税が課税される。原則として、市街化区域内に所在するコンバージョン後のマンション所有者に対しては、都市計画税も課税される。

(1) 固定資産税（家屋）について

コンバージョンにより固定資産税評価額が増額（減額）すれば、その分に対する固定資産税が多く（少なく）課税される（標準税率1.4％）。なお、新築住宅に対しては、税額の減額の特例がある(注)。ただし、コンバージョン後のマンションは、新築とされず、この特例は適用されないと考えられる。

> (注) 新築住宅の税額の減額（地方税法附則第16条第1項、第2項、同法施行令附則第12条）
>
> 新築住宅については、新たに課税されることとなった年度から3年度間または5年度間、120㎡までに対する税額が2分の1に減額される。
>
> 新築住宅に対する減額の要件は次表のとおりである。

用　途	併用住宅の場合、床面積の2分の1以上が居住用
床面積	50㎡（1戸建て以外の貸家住宅は40㎡）以上280㎡以下

> ＊1　5年度間減額されるのは、地上階数3以上の中高層耐火建築住宅である。
>
> ＊2　この特例は、セカンドハウス（月に1日以上滞在する住宅）を対象に含み、別荘は対象外となる。

(2) 固定資産税（住宅用地）について

固定資産税では、住宅用地に対して課税標準の特例(注1)がある。この特例は、新築・既存住宅の区別なくその敷地に適用される。したがって、コンバージョンにより住宅用地に用途変更した場合、固定資産税は最大限6分の1まで減額される。ただし、負担水準に応じた負担調整率(注2)を前年度の課税標準に乗じて、当該年度の課税標準額を算出している地域においては、用途変更後の固定資産税額がどの程度減額されるかは、負担水準がその地域でどの程度かによって異なっている。

> (注1) 住宅用地の課税標準の特例（地方税法第349条の3の2、同法施行令第52条の11）
>
> 住宅用地については、次表の課税標準の特例により税負担が軽減されている。

種類	定義	課税標準となるべき価格
① 小規模住宅用地	住宅1戸当たり200m²以下の部分	固定資産評価額×1/6
② 一般住宅用地	①以外の部分	固定資産評価額×1/3

＊家屋の床面積の10倍までの土地に限られる。

　一部が居住の用に供されている家屋の敷地は、敷地面積に下表の率を乗じた面積が、住宅用地として特例の対象となる。

家屋の種類	居住部分の割合	率
① 地上階数5以上の耐火建築物の家屋	0.25以上0.5未満	0.5
	0.5以上0.75未満	0.75
	0.75以上	1.0
② ①以外	0.25以上0.5未満	0.5
	0.5以上	1.0

(注2)　負担水準に応じた負担調整率（住宅用地、地方税法附則第17条、同附則第18条）

負担水準	負担調整率
100%超	本則課税で引下げ
80%以上100%以下	1.0
40%以上80%未満	1.025
30%以上40%未満	1.05
20%以上30%未満	1.075
10%以上20%未満	1.1
10%未満	1.15

＊1　負担水準
　　　前年度の課税標準額÷当該年度の評価額×100
　　　※住宅用地は、当該年度の評価額×（1/6または1/3）
＊2　臨時的な据置措置
　　　次の二つの要件を満たすものは税額が据置かれる。
　　　① 負担水準

　　　　　　　商業地等の宅地…45％以上
　　　　　　　小規模住宅用地…55％以上（一般住宅用地…50％）
　　　　② 価格下落率………15％以上（平成12年度評価額に対する下落率）

(3) 都市計画税（家屋）について

　コンバージョンにより固定資産税評価額が増額（減額）すれば、その分に対する都市計画税が多く（少なく）課税される（最高税率0.3％）。

(4) 都市計画税（住宅用地）について

　都市計画税も固定資産税と同様、住宅用地に対して課税標準の特例（注）がある。この特例は、新築・中古住宅の区別なく、その敷地に適用される。したがって、コンバージョンにより住宅用地に用途変更した場合、都市計画税は最大限3分の1まで減額される。ただし、負担水準に応じた負担調整率を前年度の課税標準に乗じて、当該年度の課税標準額を算出している地域においては、用途変更後の都市計画税がどの程度減額されるかは、負担水準がその地域でどの程度かによって異なっている。

　（注）　住宅用地の課税標準の特例（地方税法第702条の3）
　　　　住宅用地については、次表の課税標準の特例により税負担が軽減されている。

種　類	定　義	課税標準となるべき価格
① 小規模住宅用地	住宅1戸当たり200㎡以下の部分	固定資産税評価額×1／3
② 一般住宅用地	①以外の部分	固定資産税評価額×2／3

　　　＊家屋の床面積の10倍までの土地に限られる。

6　減価償却について

　コンバージョン後の住宅を賃貸した場合、次の特例がある（再生賃貸住宅供給促進税制）。建築物を賃貸住宅とするために改良し賃貸の用に供した場合、その年（法人は年度）の改良優良賃貸住宅（改良工事により取得・建設した建物および附

属設備）の減価償却費として、10％の特別償却が認められる（租税特別措置法第14条第3項、同法第47条第5項、同法施行令第7条第8項〜第10項、同法施行令第29条の4第8項〜第10項）。

対象となる賃貸住宅は次のとおりである。

第1号　特にその建設の促進を図る必要がある優良な賃貸住宅に改良する場合

　＜従前の建築物の要件＞
　① 改良のための工事直前の使用可能期間が20年以上であること
　② 既成市街地（首都圏整備法）・既成都市区域（近畿圏整備法）・指定都市（地方自治法）・道府県庁所在の市の区域内にあること
　③ 共同住宅または長屋に係る各独立部分が50㎡以上でないこと

　＜改良後の賃貸住宅の要件＞
　① 共同住宅または長屋に係る各独立部分が5以上あること
　② 改良費用について地方公共団体の補助（国の補助を受けた）を受けていること
　③ 床面積が50㎡以上125㎡以下であること
　④ 敷地面積が300㎡以上であること
　⑤ 地上階数3以上の耐火共同住宅または長屋であること

第2号　高齢者向け優良賃貸住宅（高齢者の居住の安定確保に関する法律第34条に規定する認定計画に基づく建築）に改良する場合

　＜従前の建築物の要件＞
　① 改良のための工事直前の使用可能期間が20年以上であること

　＜改良後の賃貸住宅の要件＞
　① 共同住宅または長屋に係る各独立部分が5以上あること
　② 改良費用について地方公共団体の補助（高齢者の居住の安定確保に関する法律第41条第1項の規定による）を受けていること
　③ 床面積が35㎡以上であること

8 ── コンバージョンと信託

森島 義博

ここでは、コンバージョンにおける信託機能や信託制度の活用可能性、ならびに、その課題について検討することとする。

1 信託とは

(1) 信託の根拠法

信託制度の根拠法は、「信託法」、「信託業法」、「金融機関の信託業務の兼営等に関する法律」の三法である。

① 信託法

「信託法」とは、信託の定義に始まり（同法第1条）、信託の仕組み等を定めた法律で、その成立は大正11年にさかのぼる。信託財産の独立性（同法第15条）、受託者の管理義務（同法第20条）、受託者の分別管理義務（同法第28条）等、信託の制度に関する規定を定めた法律である。すなわち、信託の定義や委託者、受託者、受益者の権利や義務などについて定めており、信託制度における基本法といえる。

なお、現在法務省において、平成17年をめどに信託法改正を行うための検討作業が同法施行後80年ぶりに行われている。

② 信託業法

「信託業法」と「金融機関の信託業務の兼営等に関する法律」(兼営法)は、信託を業として行う場合に必要とされる事項について定めたものである。

そのうち「信託業法」は信託法と同時期(大正11年)に制定された法律で、業として信託を行うに際しての具体的事項について規定している。

まず、信託を業として行うには、内閣総理大臣の免許を受けなければ営むことができないと定められている(同法第1条)。その他の主な条文では、受託財産の種類を規定したり(同法第4条)、併営できる業務を限定したり(同法第5条)、資金運用の方法を制限したり(同法第11条)している。

また、信託業法には施行細則があり、こちらではさらに信託の業務の種類や方法についての規定(同施行細則第2条)、信託契約書および信託証書の内容(同施行細則第7条)等が定められている。

すなわち、本法は信託を営業として行う者に対する基準や規制などを定めた法律で、信託業の免許や業務の内容、そのほか主務大臣による監督などについて定めている。

ただし、今日では、「信託業法」は準用される一部の条文を除き死法化しており、その限りでは重要性を失っている。それは下記の歴史的経緯から、昭和23年以降は信託業法による免許で信託業務を行う会社が全て消滅し、その後新たに信託業法により免許を受けた信託会社は存在せず、現在次の「金融機関の信託業務の兼営等に関する法律」により信託兼営の認可を受けた金融機関のみが信託業を行っているのみであり、また同法の規定のうち、わずかに次の「金融機関の信託業務の兼営等に関する法律」により準用されている数か条と無免許営業や商号の僭用を禁じた規定以外は死法化しているからである。

なお、信託業法や同法施行細則は、兼営法施行規則によっていっさい準用されていない。したがって、信託業法施行細則は信託銀行には適用されない。

また現在、金融庁において受託可能財産の範囲の拡大や信託業の担い手の見直し、拡大について信託業法の見直し作業がなされている。

③ 金融機関の信託業務の兼営等に関する法律

次の「金融機関の信託業務の兼営等に関する法律」(この法律を一般的には兼営法という)は昭和18年に制定され、銀行その他の金融機関が信託業を営む場合の具体的事項について規定している。たとえば、信託業法に定められた信託業務を行うための兼営の認可について (同法第1条)、信託業法の準用について (同法第4条) 等が定められている。

さらに、「金融機関の信託業務の兼営等に関する法律施行規則」では、業務の種類 (同施行規則第3条)、代理店の定義 (同施行規則第7条の2)、信託業務報告書等の作成(同施行規則第11条)、業務および財産の状況に関する説明書類の縦覧等 (同施行規則第11条の2) 等が定められている。

なお、信託業務を兼営する金融機関の範囲については金融機関の信託業務の兼営等に関する法律施行令に定められている (同施行令第2条)。

本来この法律は下記の歴史に見るように、弱小信託会社を経営救済するため、銀行に合併させるために制定されたものであるが、本来の立法趣旨に沿って使われたのは戦時下のみの短期間であり、昭和23年以降は当初の立法趣旨とは異なり、実質的には「信託銀行法」として使われ、現在の重要な法律としての位置付けを有している。

なお、この法律は「金融機関の信託業務の兼営等に関する法律」と一般的に呼ばれているが、正式には法律の題名はついておらず、この法律名は六法編集者によって命名された便宜的なもので、正しくは「昭和18年法律43号」というべきである。

■日本の信託関係法制度の歴史

現在の信託制度は、イギリスに生まれ、アメリカで発展した制度を明治の後半に導入してできたものといわれている。

たとえば、法律に信託の文字がはじめて登場したのは、明治33年に制定された日本興業銀行法であった。この中に、「地方債券、社債券及株券ニ関スル信託ノ業務」と記されていた。

さらに、明治38年には「担保付社債信託法」が制定され、有力銀行が営業免許

を受けて担保付社債信託業務を行うようになった。当時、わが国は、日清、日露の両戦争をきっかけとして、紡績業などの軽工業から製鉄業などの重工業への転換が急務となり、これに必要な資金を特に海外から導入するため、担保付社債信託の制度が取り入れられることとなった。

このように、わが国では、事業会社を対象とする信託制度が最初に導入され、一方、個人の財産を管理し運用することを専門に取り扱う信託会社も設立された。

大正3年に第1次世界大戦が始まると、わが国は非常な好景気となり、それにつれて信託会社も数多く設立され、大正10年末には488社を数えるにいたった。しかし、当時は信託の法制も整備されておらず、また、信託業についての一定の概念もなかったため、業務内容もさまざまで、信託会社の中には資力や信用力が不十分なものも少なくない状況で、その結果いろいろな弊害が現れてきた。

そこで、信託の概念を明確にし、あわせて信託制度の健全な発展を図ることを目的として、大正11年に「信託法」と同時期に「信託業法」も併せて制定され、翌12年に施行された。このように信託業法が制定されたことによって、信託業は免許を受けなければ営むことができなくなり、さらに、政府は免許を与えるにあたっては厳選方針をとることとした。そのため、資力および信用力が十分な会社のみが信託業を営むようになり、また、信託業を営んでいないにもかかわらず、社名に信託の名称を用いていた会社は社名の変更を行うこととなった。このため、大正10年末には488社存した信託会社は大正13年末には27社となった。

その後、太平洋戦争の戦時体制の下で国民経済全てについて厳しい統制が進められることとなり、金融機関の統合が行われる中で信託会社の統合も進められた。また、昭和18年には、「普通銀行等ノ貯蓄銀行業務又ハ信託業務等ノ兼営等ニ関スル法律」（平成4年の金融制度改革法により、「金融機関の信託業務の兼営等に関する法律」と呼ばれることとなった）が制定された。この法律によって、信託会社と銀行との間の合併が促進され、信託会社の統合はいっそう進み、戦争が終わったときには専業の信託会社は7社となった。

戦後の激しいインフレの中で、人々の貯蓄意欲は減退し、信託会社は長期の資金を吸収することが非常に困難になった。また、証券取引法が制定され、信託会社の主力業務であった証券引受業務は営むことができなくなった。このような情勢の中で、政府およびGHQ（連合軍総司令部）の方針もあって、昭和23年に信託会社は、銀行業務を営むことができることになり、いったん銀行法による銀行に転換し、兼営法によって信託業務を兼営する信託銀行となった。

わが国の金融制度は、戦後の昭和20年代後半から、専門金融機関を育成強化し、資金の効率的かつ円滑な供給をはかることを目指してその整備が進められることとなった。この方針に基づいて、昭和20年代終わりから30年代にかけて、信託銀行は信託業務、銀行業務のいずれを主業とするかを選択する一方、地方銀行の信託業務の廃止や都市銀行の信託部門の分離・統合がなされ、信託銀行の位置づけが明確にされた。

　昭和50年代に入り、金融の国際化、自由化が進展する中で、昭和60年から61年にかけて9社の外資系信託銀行が設立された。また、昭和55年以降急速に進展した金融の自由化、国際化、証券化という金融機関を取り巻く環境変化の中で、新しい時代環境の下での金融制度のあり方が検討されることとなった。その結果、平成4年に「金融制度及び証券取引制度の改革のための関係法律の整備等に関する法律」（いわゆる金融制度改革法）が成立し、銀行等は証券子会社および信託子会社の設立を通じ、また、証券会社は銀行子会社または信託子会社の設立を通じて他業態の業務分野に相互に参入することが認められた。平成5年には、同法が施行され、銀行、証券会社等により信託子会社が設立された。また、地域金融機関が本体で信託業務の一部を行うことも可能となった。

　また現在、信託業法における受託財産等の見直し作業に連携して、信託法の改正検討作業が行われていることは前述の通りである。

（参考：社団法人信託協会ホームページ）

(2) 信託の定義

　「信託」とは、信託法第1条によれば、「財産権を有する者（委託者）が、信託契約または遺言によって、自分以外の他人（受託者）に財産権（信託財産）の名義移転をし、あるいは処分権を帰属させ、一定の目的（信託目的）に従って、委託者本人または第三者（受益者）のために受託者をしてその財産権を管理または処分をさせる法律関係である」ということになる。

(3) 信託の特徴

① 財産権の移転が行われること

　財産権は委託者によって受託者に移転され、受託者はその名義人となる。

財産の管理・処分を他人に任せる場合、「委任」して代理させることによっても同様の目的を達するが、財産権が移転される点に信託の特徴がある。

受託者は、信託財産につき対外的に唯一の管理・処分権者であり、行為の結果は直接受託者に帰属する。

② **受託者の管理・処分権の行使は信託目的に拘束されること**

受託者は名義と管理権を取得しても、その権利行使は信託目的にしたがって受益者のために行われなくてはならない。

③ **信託財産は受託者から独立していること**

受託者固有の財産と信託財産とは分別管理されなくてはならない。信託財産は実質的な法主体性を有し、たとえば受託者が死亡、辞任しても信託関係は終了しない。受託者が破産したときでも、信託財産は受託者の破産財団には属さず（破産法第6条第3項）、受益者は取戻権を行使できる。

④ **転換機能を有すること**

「能力」の転換機能としては、委託者に判断や処分の能力がない場合でも、能力のある受託者に信託することにより自らの能力不足を補うことができる。

財産の「性質等」の転換機能としては、たとえば土地信託を設定し、その受益権を売れば土地自体は受託者の所有のままであるが、実質的な権利は受益権に転換されて流通する。

「数量」の転換機能としては、前記の例で受益権を分割して売却すれば、土地の権利者は受託者だけであるが、実質的な権利者は受益権を取得した者の数だけ存在することになる。

(4) 信託の成立

信託は、上記の通り契約または遺言によって成立する。

信託を設定する行為は、信託法上、「信託行為」といわれる。遺言による信託行為が有効に成立するためには、遺言そのものが有効でなければならず、民法第960条以下に定める方式によらなければならない。しかし、遺言によって受託者として指名された者は受託者たることを強制されない。受託者が引き受けた

ときに始めて信託が成立する。従来、遺言によって信託が設定されることはあまりなく、大半が信託契約により設定されている。

また、受託者が信託財産の管理・処分を行うためには、財産権を占有することが必要であるから、委託者が受託者に対して信託財産の占有を移転することが信託行為の成立要件ともなる。

(5) 信託契約の成立と当事者

信託契約は委託者と受託者の合意によって成立する。

信託契約によって信託行為の内容を明確にし合意することを、「信託の設定」あるいは「信託する」という。

「委託者」は信託する財産の財産権を有する者であり、「受託者」は財産権を取得する者となる。受託者が財産を管理・処分することによって利益を受ける者を「受益者」という。受益者は信託契約によって指定され、委託者が信託の利益を受けさせようと意図した者である。民法上の第三者のためにする契約では、受益者は受益の意思表示をしないと受益できない(民法第537条)のに対して、信託では意思表示なしに当然に受益することになる。

(6) 信託の種類と報酬

委託者自らを受益者とする信託を「自益信託」といい、委託者以外の者を受益者とする信託を「他益信託」という。

営業として引き受けられた信託を「営業信託(商事信託)」といい、営業として引き受けられたものではない信託を「非営業信託(民事信託)」という。営業信託は兼営法の適用を受け、現在量的にも質的にも最も重要な営業信託受託者は信託銀行である。

信託契約によって受託者が報酬を受ける旨の特約がある場合には、受託者は報酬を受けることができる(信託法第37条)。

(7) 信託財産

信託法第1条によれば、委託者が信託できるのは「財産権」に限られている。したがって、次のような制限があり、これらの制限をクリアしているものであれば、どんな種類の財産権でも信託でき、信託財産が単数であっても複数であっても、また、いくつかの種類にまたがっていても差し支えがない。

① 金銭に見積もることができるものであること

人格権等の身分権や工場財団自体などの信託は認められない。一方、無体財産権のように物理的に形のないものであっても、金銭に見積もることができるものは信託できる。

② 積極財産であること

信託法第1条で信託できる財産権とされているものは、積極財産に限る趣旨である。財産権とは所有権や債権等の積極財産のみを指し、債務等の消極財産を含む財産とは区分される。

一方、財産権それ自体が固定資産税の負担や、抵当権等の担保権を負っている財産権は信託できる。ただし、信託設定前に設定された担保権が実行されれば、信託関係の存続は対抗できない。

また、事業経営など「事業」そのものは財産権に当たらず、信託することはできない。しかし、信託された建物や土地を賃貸したり、土地の上に建物を建てて賃貸すること、あるいは信託された特許権を他人に使用させて使用料を得ることなど、信託財産によって事業を行うことは認められる。

③ 委託者から移転等ができること

前述の通り、信託が成立するためには、信託財産が委託者から受託者に移転されなくてはならないから、信託財産はその財産権が移転可能なものであることが必要である。

具体的には、譲渡禁止等の制約がないもの、独立した財産であるもの、全体から分離し独立させることが可能であるものとなる。

④ 財産権が特定、現存し、委託者に帰属していること

ただし、いまだ特定・現存・委託者に帰属していない財産が信託された場合は、その財産に対しては直ちに信託の効果が発生するのではなく、特定・現存・帰属を待って効果が発生する。

⑤ **特別の法律による制限**

たとえば、農地は農地法により信託が許可制とされたり、独占禁止法によって株式の信託に制限が設けられていることなどに注意が必要である。

⑥ **営業信託の場合の制限**

前述のとおり、「営業信託」とは、営業として引き受けられる信託をいう（営業として行われない場合を私益信託ということもある）。

営業信託については、信託業法で受託できる財産の種類が制限され、限定列挙されている。すなわち、信託法第4条では、信託できる財産の種類を、①金銭、②有価証券、③金銭債権、④動産、⑤土地およびその定着物、⑥地上権および土地の賃借権の6種類に限定している。

なお、前述の通り、平成15年11月現在、受託財産の種類の拡大等について信託業法の改正検討作業が行われている。

(8) **受益権**

受益者の持つ権利を「受益権」という。受益者が信託行為にもとづいて信託財産から享受できるいっさいの権利・利益を包括する概念である。

受益権は、「元本受益権」と「収益受益権」とに分けることができる。

「元本受益権」は、信託の終了の場合などに元本たる信託財産を終了時現在の状態で取得する権利であり、「収益受益権」は、信託期間中に発生する収益等を取得する権利である。

受益権は、原則として相続性と譲渡性を有する。

(9) **信託の対抗要件**

信託の第三者に対する対抗要件は、所有権の移転等についての公示と、当該財産が信託財産であることについての公示である。

移転に関する公示については、民法その他の一般原則の適用を受ける。

信託財産が不動産である場合の信託財産である旨の公示は、不動産登記法第108条から第110条ノ12に規定がある。すなわち、所有権の移転の登記と信託の登記は同じ書面で申請すべきものとされ、信託の登記だけの申請や所有権の移転の登記とは別々には申請できない。申請に当たっては、信託目的等の信託契約の内容、法定事項を記載した書面を添付しなければならない。書面はそのまま「信託原簿」となって、登記の一部とみなされる。「信託原簿」を見れば、登記簿上の所有権者が受託者名となっていても、委託者が誰なのか、また信託の内容などを把握することができる。

(10) 信託の目的

信託の目的とは、委託者が信託によって達成しようとする目的のことである。信託の目的は、委託者側から見れば、信託の設定によって達成しようとする基本目的を指し示すものであると同時に、受託者側から見れば、信託財産について管理・処分権限を行使すべき目的を明らかにするものであり、信託財産を中心とする法律関係（信託関係）の発生、存続、消滅を左右する基本的な要素となるものである。

信託目的は一定で確定していなければならず、後述の通り、信託の「三大確定要素」の一つといわれる。

(11) 信託の期間

信託は継続的法律関係であるから、通常、信託行為の中で存続期間の定めがなされる。信託行為は、通常、契約の形式でなされるから信託契約期間と呼ばれることもある。

わが国においては信託期間の長さについて特に規定はないが、実務的には永久はもちろんのこと、あまり長期にわたることは経済変動等により受益者の利益が失われたり、受託者としても受益者の確認など事務管理上の困難を伴うため、あまり受託されていない。

営業信託においては、兼営法規則第5条第1項第5号により、信託契約の期間を信託契約書または信託証書に記載しなければならないと定められている。

⑿　信託の成立要件

信託行為のためには、委託者が特定の財産権について信託を設定するとの「意思表示」が必要である。

また、信託関係を明らかにするために、①信託財産、②信託目的、③受益者が確定していることが必要であり、これは信託の三大確定要素とされている。

営業信託では、内閣府令により、信託契約は書面によることが必要とされている。交付される書面には、委託者および受託者が記名押印する信託契約書による場合と、受託者だけが記名押印した信託証書による場合とがある。

不動産に信託を設定する場合などの信託契約の際に記載すべき項目は、契約の年月日、委託者および受託者の氏名・名称、信託銀行の商号、信託の目的、契約締結の際の信託財産の種類・価額・数量、信託契約期間、信託財産の運用・管理方法、信託収益の計算時期と方法、交付する信託財産の種類・方法・時期、信託報酬の額・時期・計算方法・支払義務者・支払方法、信託財産に関する租税・修繕費用等に関する事項、信託財産の運用状況の報告に関する事項、信託終了時における最終計算およびその報告に関する事項、契約の解除に関する事項、元本補塡または利益補足の契約をするときはその割合、その他重要な事項である。

⒀　信託の終了

信託の終了とは、信託財産を中心とする経済的法律関係としての信託関係が、その存続すべき根拠を失って将来に向かって消滅することをいう。

信託は、委託者の法律行為によって設定されるものであるが、いったん有効に信託が成立した後は、信託財産を中心とする独立の財産管理機構を形成し、委託者・受託者・受益者の個人的な意思から独立して、信託目的を追求した独自の活動を続けるものである。したがって、信託終了の効果をもたらすべき法

律上の要件は重要であり、これを信託終了事由という。

終了事由としては、①信託行為をもって定めた事由が発生したとき、②信託の目的を達成したとき、③信託の目的を達成することができない状態に至ったとき、とされている。

一般的には、信託行為で確定期限を定めた場合には、その期限の到来によって終了し、解除条件を定めた場合には、その条件の成就によって終了するなど、①の場合が多い。また、自益信託の場合は、委託者または相続人は、いつでも信託を解除して信託を終了させることができる。

2　不動産信託

不動産の信託とは、信託引き受けのときに信託される財産が不動産であるものをいう。

不動産の信託とされる財産権の種類は、土地、その定着物、地上権、土地の賃借権が掲げられている（信託業法第4条）。所有権のみでなく、地上権や賃借権も信託できるが、賃借権は土地の賃借権に限られ、建物の賃借権の信託はできない。

信託される不動産の付従物や関連する動産（独立した価値を持たないもの）は不動産と一体として信託できる。

また、信託された後に不動産の開発等の信託目的を達成するために、受託者が銀行借入金などの負債を負うことが認められている。

不動産の信託は、その目的により、「不動産管理信託」、「不動産処分信託」、「不動産設備信託」、「土地信託」に大別されている。その他、不動産の証券化のために信託制度「不動産管理処分信託」が広く利用されている。

(1)　不動産管理信託

不動産の管理・運営を目的とする信託である。

受託者は単なる保守管理ではなく、不動産の名義人、管理権者として包括的

な任務を負う。たとえば、事務所ビルの信託であれば、受託者は、テナントの募集・条件交渉・賃料取立て、工作物の瑕疵における第三者への賠償、管理・補修等に際しての業者の選任、収支計算などの任務を負う。

営業信託の場合の信託報酬は通常、不動産収入の5〜10％程度であることが多いが、物件の規模や管理の難易によって異なる。

(2) 不動産処分信託

不動産の処分（売却）を目的とした信託である。

単純な売却をするだけであれば、委任（代理）または準委任（媒介）で目的を達することができるが、信託の受託者は、処分価格の決定、借地人や借家人との交渉、処分代金の運用等、あらゆる権限を有しており、代理人の権限よりも広い。したがって、不動産所有者が売却についていっさいを任せたいという場合や、売却に反復継続が必要で、宅地建物取引業者登録が必要である場合、あるいは不動産の数量や共有者が多く分散しており、継続的な作業が必要になる場合などには信託によることが便利である。

営業信託としての信託報酬は、宅地建物取引業法による仲介報酬に係る大臣告示を参考に、売却代金の3％程度を中心に決められていることが多い。

(3) 不動産設備信託

設備信託とは、動産または不動産の信託のうち、委託者（兼当初受益者）が受益権を投資家等の第三者に売却することにより、資金を調達することを目的とする信託をいう。

わが国における動産の信託は、昭和31年に「車両信託」として鉄道車両の製作資金調達方法としての動産設備信託の取り扱いを始めたのが最初である。

所有者は、所有者を当初の受益者として信託銀行へ信託し、信託銀行は信託財産を必要とするユーザー（買主）に対して当該動産設備を長期延払方式で売却する、というのが基本的な仕組みである。

所有者（委託者）は設備信託の受益権を第三者（投資家）へ譲渡することによ

り、物件の売却代金の即時一括回収が図れること、一方、ユーザーは資金を固定化することなく設備を利用できること、受益権の取得者は信託銀行を受託者として有利な投資ができる、という点に特色がある。

　設備信託のうち、信託財産を不動産とし、資金調達のための設備信託として利用されるのが不動産設備信託である。

　不動産の新規取得（購入・新築）のためばかりではなく、一般的な運転資金調達のため、あるいはすでに所有している不動産につき設備信託を設定し、その受益権を売却し、後日買い戻すことも行われる。この場合、委託者にとっては譲渡担保による借入れと同様の結果となる。不動産設備信託の対象は、ビル、店舗、倉庫、社宅、学校、ホテル、アパート等の建物および土地などに広がっている。

(4)　土地信託

　土地信託は、不動産管理信託および不動産処分信託を利用して、信託銀行が受託者として信託された「土地」に造成工事を施したり建物を建築するなどの開発行為を行い、受益者のために不動産事業を執行する信託である。不動産管理、処分信託の一種であるが、受託者が積極的に建物の建築事業執行の権能を持つ信託を特に区分して土地信託という商品名を冠した。

　土地信託は、信託業法制定当時から法的には可能であるとされながら実務上は実現に至らなかったが、昭和58年に取り扱いが認められてから急速に普及し、不動産の有力な開発手法として定着した。開発可能な土地を持っているが、開発のノウハウや開発物件の経営能力、開発のための資金を有しない所有者が、多く土地信託を利用したが、バブル崩壊後の事業採算の悪化などから受託件数は減少している。

　土地信託には、賃貸型と処分型の二種類がある。

　賃貸型土地信託とは、信託財産である土地の上に建物を建設し、長期間にわたり不動産の賃貸事業を行う信託をいう。賃貸型土地信託目的の遂行に際しては、事業執行のために借入れを行うことも必要となるが、その負債自体も信託

財産に組み入れられる。信託契約締結時の信託財産は土地のみであるが、信託契約満了時に受益者に返還される信託財産は開発後の土地・建物の現況有姿のままとされ、負債を抱えている場合には、その負債も付着したままのものとなる。土地の所有者が信託銀行のノウハウや信用力を活用することにより土地を手放すことなく、有効活用を図ることができ、その利益を信託配当の形で受け取ることができる。手元資金がなくとも、その土地の有効利用を図ることができる。また、土地信託の事業資金は信託銀行が調達することになるため、個人に比べて資金調達が比較的容易に行える。

処分型土地信託とは、信託財産である土地の上に分譲マンションの建設等を行ったうえで、土地・建物等を売却するものである。賃貸型土地信託とは異なり、土地・建物の所有権は売却と同時に購入者に移転し、信託終了時にはその処分代金が受益者に支払われる。単純な土地のみの売却とは違って、土地所有者は信託銀行が行う開発事業による付加価値（開発利益）のついた売却益を得ることができる。

(5) 不動産証券化と信託

企業の資産圧縮ニーズと機関投資家の投資対象の拡大といった背景から、ここ数年で不動産の証券化が大きく進展している。

過去には、信託を利用した不動産証券化の例として、不動産設備信託や不動産管理信託による小口分譲商品等があったが、現在では特別目的会社（ＳＰＣ）等を利用した不動産証券化の仕組みの中で、不動産管理信託と不動産処分信託を組み合わせた「不動産管理処分信託」が広く利用されている。委託者と受託者が不動産管理処分信託契約を締結し、同時にＳＰＣが受益権購入資金を投資家等から調達することによって成り立っている。

不動産証券化の仕組みにおいて、不動産管理処分信託を利用する目的は、対象不動産を信託受益権化することで、次のような信託の機能により仕組み全体の安全性・安定性を高めることができるためである。

(イ) 所有権を受託者に移転し、資産を委託者から分離する機能

㈠　資産を専門的能力のある受託者が管理する機能
㈢　不動産にかえて権利（受益権）を移転させる権利の性質の変換機能

3　コンバージョンと不動産信託の活用

　コンバージョンにおいて、信託制度が活用された例は現在のところ、あまり見ることができない。
　今まで述べてきたように、信託は信託財産をさまざまな形で管理・処分することができる、多様で柔軟な仕組みである。また信託には、財産管理機能(財産の管理・処分権が受託者に与えられる)、転換機能(たとえば、信託財産が信託受益権という権利に変わり、信託の目的に応じた形に転換できる)、倒産隔離機能（信託財産が委託者および受託者の倒産の影響を受けない)、資金調達機能(受益権を売却し、後で買い戻すなど）といった機能を持っている。
　したがって、コンバージョンを、「既存の建物を市場ニーズに合わせて用途変更すること」と解釈すれば、コンバージョンにおいても不動産信託を利用する可能性は大いにあるものと思われる。
　ここでは、営業信託を前提として、その可能性を探っていくこととする。

(1)　資金（コンバージョン費用）調達機能の活用

　コンバージョンのためには、建物の用途変更工事のために資金が必要である。建物のオーナーが独自に資金を調達できないときに、不動産信託を活用した資金調達方法を検討する。

①　不動産管理信託の活用

　前述の通り、不動産管理信託は一般的には収益用不動産の管理・運営のための信託であり、収益用不動産の収益事業を所有者に成り代わって信託銀行(受託者）が行うための手法である。
　オーナーが、現在の収益用建物を信託銀行へ信託し、信託事業としてコンバージョンを行って市場ニーズにあった用途に変更するとともに、コンバージョン

後の建物の経営自体を信託銀行に任せる場合に使う方法である。

　信託銀行は、不動産管理信託として土地・建物の受託依頼があると、既存建物について周辺環境やマーケティング調査を行って市場ニーズにもとづく最有効使用を判定する。最有効使用に近づけるために必要な用途変更工事費用の見積もり、収入見込みの判定、収支計算を行って、収支が合うと判断した場合には信託契約を締結する。その後、信託銀行は用途変更工事を発注し、工事費用は信託事業の一環として借入金で処理し、賃貸収入の中から借入金の返済を行ってゆくことになる。

　この場合、信託財産は当該土地・建物、信託目的は不動産の管理・運営、信託期間は用途変更工事費用の借入金返済期間に合わせることになろう。当然、委託者は当該土地・建物の所有者が一般的であり、受益者は委託者でも第三者でも可能であるが、借入金返済が完了するまでは多くの配当金は期待できない。信託銀行は賃貸事業収入の中から信託報酬を受け取る。

　このように、用途変更工事に必要な資金は、不動産の所有者に資金調達能力がなくても、信託事業の一環として受託者である信託銀行が調達することとなる。

　この手法は、対象不動産が収益性の高い地域に立地し、コンバージョンによって容易に収支の黒字化が可能な場合に使える手法であろう。

② 不動産管理処分信託の活用

　不動産管理処分信託は、前述の管理信託と処分信託を合わせた信託手法である。

　a．不動産の売却を前提とする場合

　　所有者が、コンバージョンによって収益性の高い不動産に用途変更することにより、用途変更前よりも有利な売買価格で売却を図りたいが、コンバージョンをする資金の調達が出来ないという場合に使える手法である。

　　この場合、信託銀行は用途変更前の収益用不動産を受託し、管理信託事業の一環として用途変更工事費用を借入れ調達し、その後、用途変更して価値の高まった不動産を処分信託事業の一環として第三者へ売却する。

委託者兼受益者は売却代金から借入金返済額と信託報酬を控除した代金を取得することになる。

したがって、コンバージョンによる不動産価値の増大が大きく、売却価格の大幅な上昇が期待できる物件に適用できる手法である。

b. 不動産の売却を前提としない場合

不動産を売却せず、所有者が将来とも所有し続けるものであれば、コンバージョン費用の調達は、上記①の管理信託の活用で可能である。ただし、管理信託の場合のコンバージョン費用調達のための借入金は、一般的に受託者たる信託銀行が自己の他の信託勘定から借り入れるのが通常である。しかし、調達必要資金が多額になる場合は、受託者の信託勘定からの調達も限度を超えることになる。このような場合に、受託者たる信託銀行は管理信託事業としてコンバージョンを行う前提で受益権を発行し、その受益権を機関投資家などに売却してコンバージョン費用を調達することになる。

受益権の内容はコンバージョン後の管理・運営による期間限定収益受益権を中心とし、それで不足であれば元本受益権も売却することになる。受益権売却には買戻し特約を付し、将来委託者が受益権を買い戻すことになる。この方法は、委託者にとって実質的には譲渡担保による借入れと同じ結果になる。

(2) 管理・運営機能の活用

たとえば、事務所ビルの所有者が引き続き事務所ビル経営を継続する意欲や能力に自信を失ったとき、あるいは従来の事務所ビルをコンバージョンによって賃貸マンションやホテル、老人ホーム、倉庫など形態の変更等により所有者の管理・運営能力に欠ける状態になる場合などに不動産管理信託が活用できる。すなわち、信託の能力転換機能を利用し、コンバージョン後の建物形態に応じた専門知識と管理・運営能力のある受託者に任せる場合である。

建物等の管理・運営を第三者に任せる方法には、代理や委託等他の類似制度

があるが、前述の信託機能を理解したうえで利用すべきである。
　つまり、受託者たる信託銀行は、所有者としての権限と責任を負っている点に特徴がある。

(3) 処分機能の活用

　不動産を売却する際には媒介による方法が一般的であるが、コンバージョン後の売却方法や規模によっては媒介では困難な場合がある。このようなときには不動産処分信託による処分機能を活用することが出来る。

① 反復継続による売却が必要な場合（宅地建物取引業者免許が必要）

　たとえば、事務所ビルを区分所有権にコンバージョンしてマンション等として個別に販売しようとする場合、不特定多数の顧客に反復継続して不動産の販売を行うことになる。

　この場合、売主は宅地建物取引業法上の「取引」を「業」として行う者に該当するので、宅地建物取引業法にもとづく宅地建物取引業者としての免許を取得しておかなければならない。

　所有者が宅地建物取引業者免許を取得していなければ新たに免許取得の必要があるが、それには費用も時間も必要であり、法人であれば定款等の変更も必要になる。また、販売に際しては宅地建物取引業者としての規定を遵守しなければならない。

　このような場合に、信託銀行を受託者として「不動産処分信託」を活用すれば、信託銀行は国土交通大臣から免許を受けた宅建業者とみなされているため、自己の所有不動産として信託財産を販売することが出来る。

　この場合、信託財産はコンバージョン後の土地・建物、信託目的は区分所有権としての分譲、受益権の内容は分譲代金となる。

　コンバージョン前の不動産を信託財産とし、コンバージョン後に販売する場合には、前記の通り、「不動産管理処分信託」となる。

② 高額不動産の売却

　コンバージョンして売却しようとする収益用不動産が大変に高額となり、一

般市場での売却が困難であると判断される場合、「不動産処分信託」または「不動産管理処分信託」として信託し、その受益権を分割した上で複数の投資家に売却することで、高額な不動産の一括売却が可能となる。

この場合、信託財産は当該不動産、信託目的は受益権の売却・管理、委託者に対しては受益権の売却代金が支給され、受益権を取得した受益者（投資家）に対しては当該不動産からの収益（収益受益権）と将来の当該不動産の売却代金（元本受益権）となる。

③ **複数不動産の同時売却**

コンバージョンして売却したい不動産が複数あるが、すべての不動産を同時に一括売却を希望する場合も、「不動産処分信託」または「不動産管理処分信託」により当該不動産を受益権として投資家に売却することにより、同時一括売却が可能となる。

(4) 資産保全機能の活用

すでに述べた通り、信託は所有者である委託者から信託財産としての不動産を受託者に所有権移転する制度である。本来の所有者は委託者として自ら受益権を有するのみとなるか、第三者の受益者へ受益権を渡すことになる。信託としての法的関係は独立したものとして継続されるため、委託者が法的な行為能力を失ったとしても信託財産は保全されることになる。

したがって、コンバージョンして価値の高まった不動産を安全に保全するために「不動産管理信託」を活用することも可能である。

4 コンバージョンと不動産信託活用の課題

以上の通り、多様性と柔軟性を持った「信託」は、不動産のコンバージョンの場面においても活用できる可能性を含んでいる。しかし、営業信託として信託銀行等が受託しようとすると、そこには数多くの課題が残されている。

ここでは、それらの課題のいくつかを挙げておこう。

(1) デューデリジェンス

　信託銀行が建物を受託して管理・運営あるいは処分をしようとする場合、その土地・建物の全てを理解しておかなければならない。受託者としては、信託財産である建物等につき自己の所有物としての責任を負うからである。土地については隣接地との境界が確定していなければならないし、建物については現状を完全に把握しておく必要がある。

　しかし、現実には、建物の竣工図や修繕等の履歴を整理して備えている所有者は少ない。そのような場合、不動産の証券化に伴う信託の場合に行われているように、改めてデューデリジェンス（詳細調査）を行う必要もあるが、時間も費用もかかりすぎるであろう。

　信託銀行が建物を受託できるためには、少なくとも「建物竣工図」「設備図」等の図面関係と「建物履歴」を整備してゆく必要がある。

(2) 瑕疵担保責任

　不動産処分信託を利用して信託財産を売却しようとするときに問題となるのは、瑕疵担保責任の問題である。

　コンバージョンされた建物は中古建物であり、瑕疵の存在が大いに推測される。受託者たる信託銀行としては、売却後の瑕疵担保責任は直接自己の責任として負うことになるため、完全に対象不動産の内容を把握できない限り受託を躊躇することになるだろう。

　法制度も含め、瑕疵担保責任を受託者が直接負わない方法を検討する必要もあるだろう。

(3) 委託者・受託者からみた収益性

　営業信託は信託報酬を目的としている。また、信託銀行としては信託事業に伴う融資メリットやその他の手数料も追求するであろう。

　コンバージョンは既存建物の用途変更であり、工事金額は新築工事金額の1／

3から1/4程度と少ない。また、賃貸管理報酬としての信託報酬の基礎となる賃貸事業などに伴う賃貸料も、新築で最有効使用を実現している建物と比べれば低くて効率の悪いものになりがちである。コンバージョンを伴う不動産管理信託は、受託者から見れば労多くして効の少ない事業として映るかもしれない。

　また、信託報酬を多くすれば委託者の収入が少なくなり、危険性が多くなっても他の類似制度を活用することとなって信託制度を活用する意欲が弱くなろう。

　コンバージョンは都市の再生や廃棄物を少なくするなど環境問題にも関係している事業であり、なんらかの「補助金」等につき検討する必要もあるだろう。

(4) 制度としての未熟さ

　「土地信託」は前述の通り、法的には可能性を指摘されていたにもかかわらず、昭和58年頃からの民間活力導入問題が議論され始めてから商品設計が具体化していった経緯がある。コンバージョンは一種の建物信託であり、そこには多くの課題が残されているが、法的には可能な制度である。しかし、土地信託のときと同様に、政府の後押しがなければ商品化は難しいかもしれない。いわば、「コンバージョン信託」として政府の後押しをもって商品化する必要があろう。

〈参考図書〉
『信託の法務と実務』三菱信託銀行信託研究会（編著）、（社）金融財政事情研究会、平成15年9月30日刊

9 ── コンバージョンと不動産登記

安西 弘康

　ここでは、税の基礎、融資額の決定、取引の安全性などに取り扱われる表題部および附属図面（登記所に設置）に関し、建物のコンバージョンによる建物の種類の変更の登記および建物の区分の登記の登記申請書の記載事項、添付書類の内容および添付図面の内容およびその登記申請続きの受付、着手、完了までについて、不動産登記法（以下、法という）の規定と実務から述べる。そして、最後に、スケルトン・インフィル分譲住宅等の登記上の取扱いについて簡単に触れたい。

1　不動産登記制度の概要

　まず、不動産の登記制度の概要を述べておこう。
　現在の不動産登記法の前身は、1886年に制定され、翌1887年に施行された登記法である。そして1898年の民法施行に伴い、1899年に不動産登記法が制定・施行され、その後、社会の変化などに伴う幾度かの改正を経て現在の不動産登記法の形になっている。
　現在の不動産登記法は、個々の不動産の物理的現況を明確にし、その権利変動の保護を目的にしている。すなわち、個々の不動産の物理的現況を明確にする表示に関する登記と、当該不動産の所有権および抵当権などの権利の保護に

関する登記の二つの要素から成り立っている。なお、前者を不動産の表示に関する登記といい、後者を不動産の権利に関する登記という。

　これら不動産の登記に関する事務は登記所で行われ、その必要な内容は一般に公開されている。各行政区画から一定の区域ごとに当該不動産の管轄を定め、その不動産の事務を掌握することとしている。これら管轄ごとに事務処理をする登記所を当該不動産の管轄登記所という。管轄登記所には、法務局および地方法務局とその支局および出張所がある。

　これら登記所には、当該不動産を文書で表した表題部とその権利関係を示した各区のほか、当該不動産が客観的に分かるように各種の図面類が設置されている。隣地などの関係を明確にし、どの位置にどのような形状で存在するかを明示した地図および建物の所在図、そして、この個々の不動産ごとの詳細図として、土地であれば地積の測量図、建物であれば建物の図面および各階の平面図が設置されている。

　不動産の権利の客体とその権利関係を記載した帳簿を登記簿という。この登記簿には、土地の登記簿と建物の登記簿の二種類がある。なお、これらを閉鎖した各登記簿も閉鎖した登記簿として一定期間保存されている。

　この登記簿は、表題部、甲区、乙区、共同人名票の順序で登記用紙が編成されている。この各用紙には、表題部に権利の客体を特定する内容として法で定められた事項を記載しなければならない。甲区には、所有権の登記として当該不動産の所有者が記載される。この所有権の登記がなされると表題部の所有者の表示が朱抹される。さらに乙区には、所有権以外の権利、いわゆる抵当権などが登記される。なお、表題部および甲区、乙区の各所有者および権利者が5名以上の場合には、共同人名票にその各人の所有者および権利者が表示される。

　一つの不動産に二つの登記用紙を設けることは原則的にできないとされている。これが、一不動産一登記用紙主義といわれているものである。ただし、分譲マンションなどの区分建物は、一棟の建物に属する各専有部分の全部につき一用紙を設けることになっている。

2　表示登記制度と役割

　個々の不動産の形態が分かるように一定の事項を記載し、その権利の客体を明確に表した表題部および附属図面は、不動産の移転に関する税（譲渡・相続・贈与税など）、不動産の維持に関する税（固定資産税）などの基礎（算出基準）として、また金融機関から融資を受ける際の基礎（算出基準）として用いられている。さらに、この表題部および附属図面は、当該不動産の保存登記に発生する登録免許税の基礎にもなる。

　たとえば、建築費の融資を受けて建物を建築しようとする場合、新築後に建物の表示の登記申請をし、その登記が完了しなければ融資は実行されないことになる。これは、所有権および抵当権などの権利に関する登記は、その客体である不動産の一定の登記事項が記載された表題部が存在しないとできないからである。

　すなわち、表題部の登記事項で、当該不動産が何処（場所）に、何の用途で利用され、そのもの自体の大きさ（量・範囲）を文字で表し、設置図面で、そのもの（不動産）の位置、形状などが客観的に見ることができてはじめて、その不動産の客体に対して適正な権利保全ができるということである。

　表示に関する登記の表題部には、土地の場合、所在、地目および地積とその土地を特定する地番が、建物の場合、所在、種類、構造および床面積とその建物を特定する家屋番号が記載事項とされている。区分建物の場合、一棟の建物の所在、構造および床面積と、その一棟の建物に建物番号が存するときは、その建物番号が、そして当該一棟の建物に敷地権が存する場合には、敷地権の目的たる土地の表示として、土地の所在および地番、地目および地積とその土地を特定する番号が記載事項とされている。各専有部分については、区分した建物の表示として種類、構造および床面積とその専有部分を特定する家屋番号が記載事項とされている。敷地権が存する場合には、敷地権の表示として敷地権の種類および割合とその土地を特定した番号（敷地権の目的たる土地の表示で附

した番号)が記載事項とされている。そして、権利に関する登記については、甲区には所有権の登記名義人が、乙区には所有権以外の権利とその権利名義人が記載される。したがって、所有権以外の権利が存しない場合には甲区だけということもありうる。さらに、権利に関する登記は対抗要件をなすものであるから、前者の表題部だけという場合もありうることになる。表題部を基準として課税するのであるから、当該不動産の課税に必要な表示に関する登記は、所有者に申請義務を課している。

　ここでは、建物を新築した場合を例として、建物の表示に関する登記について簡単に説明する。建物の工事が完成したときは、その所有者は1か月以内に建物の表示の登記申請をする義務があり、この申請を怠ると10万円以下の過料が課せられる。

　この申請書には、不動産登記法第40条に規定する申請書の副本、同法第93条第2項に規定する建物の図面、各階の平面図および所有権を証する書面のほか、同法施行細則第41条に規定する住所を証する書面を添付しなければならない。なお、代理人が申請をするときは、同法第35条第1項第5号に規定する代理権限を証する書面を添付することとなる。

　以下、項を改めて、既登記建物のコンバージョンに関する登記上の取扱いについて解説する。

3　既存建物を用途変更し、賃貸する場合

　コンバージョンにより、事務所の用途として賃貸借している建物の各室全部を居住用に変更した場合には、既建物登記簿の表題部の記載事項である種類の変更の登記申請をしなければならない。したがって、建物の種類を変更した場合には、当該建物の所有者は、建物の種類の変更の登記申請をすることとなる。登記官は、当該登記申請が行われると、当該建物の種類の現場の調査、すなわち、当該建物の造作、設備等により利用状況を調査し、居住の用に供する建物のうち、一棟の内部が数個の住居に仕切られていて、数世帯がそれぞれ独立し

て生活できるものとされていると判断した場合には、建物の種類を「共同住宅」と認定することとなる（土地建物実地調査要領第29条「平成8年6月5日－不登一第101号東京法務局民事行政部長依命通達」）。この認定がなされると、既建物登記簿の表題部の建物の種類欄に「共同住宅」（既存の表示事項が記載されている次行に変更のあった種類を記載し、従前の種類は朱抹する）と記載し、原因およびその日付欄に変更事項を記載した該当欄の番号を冠記し、その年月日とその旨（種類変更）を記載し、登記の日付欄に登記完了の年月日を記載することとなる。

(1) 建物のコンバージョンによる場合の種類変更の登記申請

建物のコンバージョンによる場合、建物の種類の変更の登記申請をすることとなる。この登記申請書には、登記の目的を「建物表示変更（または種類変更）登記」と記載し、申請書副本、代理権限証書（代理人による登記申請の場合には、添付しなければならない）を添付書類（これらを「法定添付書類」と称している）としている。実務上は、登記官が登記の実行処理をすみやかにできるように当該建物の工事請負人等の証明書（たとえば、内装工事完了関係の書類等をいう）、建物現地調査書、現地案内図、さらに現場の写真なども添付するケースが少なくない。

登記申請をするときの登記申請書様式は、不動産登記の申請書の記載を簡易化するとともに、登記事務の能率的処理を図るため、土地家屋調査士が作成する不動産の表示に関する登記の申請書の様式および記載例を全国土地家屋調査士会連合会（現：日本土地家屋調査士会連合会）と協議した登記申請書様式によりなされている（法第35条第1項第1号、昭和40年3月30日民事三発第357号通達・二の(3)の建物の種類変更の申請書様式）。

① 建物の種類の変更の登記 （法第93条ノ5第1項）

建物の種類の変更の登記とは、建物の表示事項である種類に変更が生じた場合に既建物登記簿上の建物の表示事項をその現況と符合させるための登記の申請である。この建物の種類の変更の登記は、表題部に記載されている所有者または所有権の登記名義人に1か月以内の申請義務を課している（法第93条ノ5第

1項)。この建物の種類の変更の登記は、当該既建物登記簿上の表示と現況を符合させる登記申請(この登記申請は報告的な登記である)であるから、所有者が2人以上の場合でも、その1人からの申請によってすることができる。

　建物コンバージョンによる建物の種類の変更の登記申請がなされても、床面積に変更(従前の躯体に変更が生じないとき)がなければ、従来(既建物登記簿上の各階の床面積)の既建物登記簿上の建物の床面積は何ら変更を生じない。

　また、建築確認上の床面積と不動産登記法上の床面積の相違については、不動産登記法施行令(以下、施行令という)の第8条および不動産登記事務取扱手続準則(以下、準則という)の第141条に規定する方法、すなわち、建物の床面積の求積および表示方法に関しては、各階ごとに壁、その他の区画の中心線で囲まれた部分の水平投影面積により、平方メートルを単位として定め、1平方メートルの100分の1未満の端数は切り捨てて表示するものとしている(不動産登記法施行令第8条)。

　床面積および階数の算入に関しては、天井の高さ1.5メートル未満の地階および屋階(特殊階)は床面積に算入しないものとしている。ただし、一室の一部が天井の高さ1.5メートル未満であっても、その部分は当該一室の面積に算入することとしている(準則第141条第1号)。また、地下の駐車場についても、常時一般に開放されている通路および階段の部分は床面積に算入しないものとしている(準則第141条第4号但し書)。さらにダストシュートについても、全部が建物の外側にあるときは床面積に算入しないものとしている(準則第141条第10号後段)など、建築確認上の床面積と不動産登記法上での床面積の取扱いには相違があることに注意する必要がある。

② 登記申請書の建物の表示記載事項 (法第36条第1項、第3項)

　登記申請書には、既建物登記簿上の表示(所在、家屋番号、種類、構造および床面積)と変更後の事項である種類を記載し、その登記原因およびその日付を記載するものとされている(法第36条第1項第4号)。したがって、建物の種類の変更の登記申請書には、当該建物の種類に変更のあった年月日とその旨を記載することとなる。実務上は、既建物登記簿上の従前の表示を記載した次行に変更後

の種類を「共同住宅」と記載し、登記原因および日付欄に、その種類の変更後の記載をした該当欄の番号を冠記して内装工事完了の年月日と種類変更の旨を「①平成何年何月何日種類変更」と記載することとなる（準則第160条第１項）。

(2) 登記申請書に添付する書面とその記載
（法第35条第１項第１号、第２号、第５号）

　登記申請書に添付書類として、その名称を記載すべき法令上の規定はない。しかし、いかなる書類を添付したかを明確にするために、その名称を申請書に表示することが相当とされているが（昭和36年９月15日民事甲第2281号民事局長通達、昭和39年８月24日民事甲第2864号民事局長通達参照）、その添付書類の表示方法は、添付した書類を概括的に、たとえば、未成年者等の法定代理権限を証する戸籍謄（抄）本または会社等法人の代表者の資格を証する会社登記簿謄（抄）本の個人または法人の資格を証する書面（資格証明書）と個人または法人の委任状を一括して「代理権限証書」と記載すれば足りるものとされている（昭和40年３月30日民事三第357号民事局長通達参照）。しかしながら、実務上は、具体的な名称を記載していることも少なくない。

① 　申請書副本（法第40条）

　登記申請書には、登記原因を証する書面を添付することを要する（法第35条第１項第２号）と規定している。この登記原因を証する書面とは、登記の目的たる不動産の権利変動の直接原因である法律行為の成立および法律事実の効力の発生を証する書面のことである。たとえば、売買契約書、抵当権設定契約書等が、この書面に該当する。

　不動産の表示に関する登記は、土地および建物の現況を明確にする登記で、その所有者および利害関係人の法律上の地位に何ら影響を及ぼすものではないから、意思表示またはある事情の発生によって法律効果の生じる権利変動の登記のような契約の成立等を証する書面は存在し得ないから、登記原因を証する書面は存在しない。

　したがって、不動産の表示に関する登記の申請には、登記原因を証する書面

が当初より存在しないので、申請書の副本を提出することを要することとなる（法第40条）。

　また、申請書の副本は、正本と同一内容を備えたものを必要とし、その登記が完了後に登記済みの旨の手続きをして申請人に還付される（法第60条第1項）。申請書の副本には、必ずしも申請人の捺印を要しない（昭和37年8月9日民事甲第2262号民事局長回答参照）。

　申請書の副本の取扱いについては、この表示に関する登記申請書には登記原因を証する書面のかわりに申請書の副本を1通添付するものであるが、実務上は2通を添付している。この申請書の副本の1通は申請者に対して、この内容を登記したことを知らせるもの、いわゆる登記済証として交付される（法第60条第1項）。もう1通は登記済み後に税務署に税務通知用（いわゆる「税通用」という）として送付される。これを基に、この内容に相違がないかの税務署の調査が行われ、税務署保管の家屋課税台帳に記載され、課税（固定資産税など）の対象（基礎）となる。

② **代理権限証書**（法第35条第1項第5号）

　代理人により登記申請を行う場合には、その代理権限を証する書面を当該登記申請書に添付することを要する。この代理権限を証する書面とは、委任者が私人の場合には委任状であり、法人の場合では委任状とその法人の資格を証する書面、すなわち当該法人の会社の謄(抄)本および代表者の印鑑証明書等をいう。また、未成年者等の法定代理人の場合には、戸籍謄(抄)本等も、この代理権限を証する書面の一部となる。したがって、このような書面のすべてを包括して「代理権限証書」と記載すれば足りる（昭和40年3月30日民事三第357号民事局長通達参照）。

　この資格を証する書面は、当該不動産の所在を管轄する登記所で当該法人が登記を受けている登記所と同一であり、法務大臣の指定していない登記所の場合には添付を省略することができる（不動産登記法施行細則（以下、細則という）第44条ノ8第2項）。

③ **建物現地調査書**

土地家屋調査士が依頼された場合には、当該建物の種類の変更につき調査した内容を建物現地調査書に記載し、提出している。この調査書は、全国50管区でそれぞれ形式が異なるが、ここでは東京法務局と東京土地家屋調査士会が協議し、使用している内容を述べる。

　建物の種類の変更の登記の場合には、まず、調査開始日、登記の目的、調査物件の所在地番、家屋番号、所在の確認、所有権確認（工事部分）、建物の状況および利用状況（種類、利用「自己・賃貸の別」）、登記原因日付の認定、同一敷地内類似建物の有無、表示変更事項（「事務所」を「共同住宅」）、立会人（住所・氏名、申請人との関係）、その他を備考欄に記載し、調査完了日および記名押印（職印）し、提出している。

4　既存建物を区分し、一部以外の部分を売買する場合

　コンバージョンにより、事務所の用途として賃貸借している建物の各室全部の用途を居住用に変更し、一部を残し、他の部分を売買処理する場合には、まず既建物登記簿の表題部の記載事項である種類の変更の登記申請と当該建物の区分の登記申請をしなければならない。登記官は、当該登記申請が行われると、当該建物の種類の現場の調査（上述したので省略する）、区分建物の調査として、登記申請人が当該区分建物の所有権を原始的に取得している者であるか否かの確認、一棟の建物に属する区分建物の全部（「規約共用部分」を含む）につき表示の登記の申請がなされているか否かの確認、法定敷地と一棟の建物の位置関係および規約敷地の利用目的の確認、構造上独立した建物（「別棟」）であっても利用上一体としていることの確認をすることとしている（土地建物実地調査要領第32条「平成8年6月5日－不登一第101号東京法務局民事行政部長依命通達」）。この認定がなされると、既建物登記簿の表題部の建物の種類欄に「共同住宅」（既存の表示事項が記載されている次行に変更のあった種類を記載し、従前の種類は朱抹する）と記載し、原因およびその日付欄に変更事項を記載した該当欄の番号を冠記し、その年月日とその旨（種類変更）を記載し、登記の日付欄に登記完了の年月

日を記載することとなる。さらに建物の区分の登記により区分建物登記簿の表題部を新設し、従前の既建物登記簿の表題部を閉鎖することとなる。

このように事務所の用途として賃貸借している建物の各室全部を居住用に変更し、一部を残し、他の部分を売買処理するコンバージョンの場合には、通常、抵当権が存続しているものである。したがって、さらに融資をするので建物を区分し、既存建物の一部を残し、他の部分を処分（融資額返済）することが前提であると考える。

この場合の登記であるが、まず当該建物に区分性が具備していなければならない。また、土地および建物の所有権形態による一体化に関する建物の区分所有等に関する法律（以下、区分所有法という）第22条の適用の問題もある。

まず、当該非区分建物の所有権が単有でかつ当該土地の所有権も単有で同一所有者あれば(区分所有法第22条第3項)、所有者が当該建物の区分の登記申請をすれば、区分した日を原因の日付として敷地権の発生日となり一体化されることとなる。

建物の種類の変更の登記と建物の区分の登記とは、前者が報告的登記(所有者に「法第93条ノ5第1項」より申請義務を課している)、後者が創設的登記（所有者の意思「準則第137条第1項」による）で、その登記の性質が異なるため、同一の申請書では申請できないので各別の申請書により申請することとなる。連件により申請することは差し支えない。なお、ここでは、既存建物のコンバージョン後の建物の区分の登記申請について述べる。

(1) コンバージョン後の建物の区分の登記申請

建物の区分の登記申請は、不動産登記法第93条ノ8に規定する一棟の建物に属するすべての専有部分(区分した建物)を一括申請しなければならない。なお、各別の申請書により同時に申請することはできる。また、コンバージョンによる建物の区分の登記申請の場合には、法定敷地と規約敷地、さらに法定共用部分と規約共用部分とが問題となる。さらに、区分所有法第22条第1項、第3項に規定する一体化の原則以外の規約設定に関する同法第32条の公正証書の問題が

ある。しかしながら、既登記建物および所在する土地が単独所有で、その所有者がコンバージョンをするのであれば、規約により定める敷地権の割合などには、同法第32条に規定する公正証書の問題は生じない。しかし、当該土地および建物の所有権形態などから、建物の区分の登記申請をする場合の同法第22条第1項、第3項に規定する一体化と同法第32条に規定する公正証書の適用の問題がある。

1）　区分要件・建物の個数の基準（準則第137条）

　効用上一体として利用される状態にある数棟の建物は、所有者の意思に反しない限り、一棟の建物として取り扱うとされている（準則第137条第1項）。なお、不動産登記法では、区分性の要件として、準則第137条第2項に規定する一棟の建物に構造上区分された数個の部分で独立して住居、店舗、事務所または倉庫その他の建物としての用途に供することができるものがある場合には、その各部分は各別にこれを一個の建物として取り扱うものとしている。ただし、所有者が同一であるときは、その所有の意思に反しない限り、一棟の建物の全部または隣接する数個の部分を一個の建物として取り扱うとされている（準則第137条第2項）。また、区分所有法第1条に規定する所有権の目的とすることができる各部分とは、一棟の建物に構造上区分され、独立して居宅などの用途に供することができる各部分としている。

　先例では、それぞれ独立した専有部分（区分した建物）の接続部分に木製の扉が設けられていても、それぞれ構造上の独立性（区分性）がそこなわれない（ある）ものであるから、区分所有の建物として取り扱って差し支えない（昭和41年12月7日民事甲第3317号民事局長回答）。なお、実務では、それぞれ独立した専有部分（区分した建物）の接続部分に木製の扉が設けられていても、それぞれ専有部分（区分した建物）の出入口が軽易では独立したものとみなされない場合もある。

2）　法定敷地と規約敷地

　建物の敷地とは、建物が所在する土地をいい、これを建物の法定敷地という（昭和58年11月10日民事三第6400号通達）。したがって、専有部分（区分した建物）

の属する一棟の建物の土地（底地）ということになる。また、建物が数筆にまたがって所在している場合においても、これら数筆全部が建物の敷地と扱われ、当然に全筆が法定敷地ということになる。なお、この建物の所在する土地の範囲であるが、当該建物の車寄せ部分、ベランダ直下部分など建物の維持する部分を含むものである。

これに対して、区分所有法第5条第1項に規定する規約敷地は、区分所有者が建物および建物が所在する土地と一体として管理または使用する庭、通路などで公正証書による規約設定した土地をいう（区分所有法第32条）。なお、実務では、当該一棟の建物と一緒に管理する土地に一棟の建物の底地以外の専用駐車場敷地などがある。

3）　法定共用部分

原則的には、一棟の建物に属する専有部分として扱われる部分以外で床面積に算入する部分を法定共用部分ということができる。また、専有部分として扱われる部分であっても、内部に各専有部分を集中管理する消防設備、警報装置等の恒常的共用設備が設けられ、常時来訪者、配達物などの処理にあたる受付者の常駐する構造を有するものは、法定共用部分として取り扱われる（昭和50年1月13日民事三発第147号民事局長通達）。

区分所有にかかる中高層ビルディングのエレベーターの機械室、高置水槽、冷却装置等を収容する塔屋は、当然専有部分として認められない。この一棟の建物の部分は建物の機能を果たす部分であるから、これらについては当該建物の附属物（附属施設）として扱われ、当該建物の階数および床面積に算入しない（昭和38年10月22日民事甲第2933号民事局長通達）。しかし、これら当該建物の床面積に算入されない附属物（附属施設）についても法定共用部分（法定共用附属施設）といえる。

数個の専有部分（区分した建物）に通ずる廊下（たとえば、アパートの各室に通ずる廊下）または階段室、エレベーター室、屋上等建物の構造上区分所有者の全員またはその一部の共用に供されるべき建物の部分は、当然、各別に一個の建物として取り扱うことができない（準則第137条第3項、区分所有法第4条第1項）。

4） 規約共用部分

　一棟の建物に属する専有部分として取り扱う部分であっても集会所としたとき、あるいは管理人が住居として使用し、併せて管理事務を行っているにすぎない一棟の建物に属する専有部分（集中管理する設備等が存しない部分）の管理人室などは、当然に法定共用部分でないから、規約により共用部分とすることを要する（昭和50年1月13日民事三発第147号民事局長通達）。

① 　建物の区分の登記（原始区分）の申請（法第93条ノ8第1項）

　建物の区分の登記申請とは、所有者の意思によりなされるものであるから、当該建物の表題部に記載したる所有者または所有権の登記名義人（共有の場合には、その全員）からの申請によることを要する（法第93条ノ8第1項）。また、その区分の登記申請により敷地権が生じた場合には、その敷地権の表示もなすことを要することとしている（昭和58年11月10日民事三第6400号通達、第九・一・1・2）。

　また、不動産登記法上の床面積は、一棟の建物を区分した建物（専有部分）は、壁、その他の区画の内側線で囲まれた部分の水平投影面積により算出される（施行令第8条）。したがって、区分建物である専有部分の床面積については、建築確認上の床面積と不動産登記法上での床面積の取扱いに明らかに相違が生じる場合があることに十分注意する必要がある。なお、実務上では、壁の被服材を含む内壁で専有部分の床面積を算出することとなる。

② 　登記申請書の区分建物の表示記載事項（法第36条第1項、第3項）

　登記申請書には、登記申請書の一棟の建物の表示（所在、構造および床面積、また建物の番号が存する場合には、その番号）を記載することを要する（法第36条第4項）。実務上は、通常、当該建物の既建物登記簿上の従前の表示を記載することとなる。

　また、敷地権が存する場合には、敷地権の目的たる土地の表示、土地の所在、地番、地目および地積、ならびにその土地の符号を記載することを要する（法第91条第2項第4号、細則第49条ノ4第1項）。

　専有部分（区分した建物）の表示としては、　区分した建物の表示（家屋番号、

建物の番号、種類、構造および床面積）を記載する（法第36条第3項第1号「種類・構造・床面積」、法第36条第3項第3号「建物の番号」、法第92条「家屋番号：準則第150条後段」、施行令第6条・準則第139条第1項・第2項「建物の種類」、施行令第7条・準則第140条第1項・第3項「構造」）。なお、新用紙に転写されるので、家屋番号は登記所が附すこととなる（法第92条第1項）。実務では、予定家屋番号を記載している。なお、この家屋番号の記載には、地番区域名をも記載することとなる（準則第150条但し書）。

登記原因およびその日付欄には、区分した旨の経緯（準則第164条、昭和58年11月11日民事三第6567号通達「書式記載例」）を記載する。

敷地権が存する場合には、敷地権の表示欄に敷地権の目的たる土地の表示欄に記載した土地の符号を記載し、敷地権の種類（所有権、地上権、賃借権の別の記載をする）、敷地権の割合、登記原因およびその日付（法第93条ノ8第8項、第93条ノ3第1項、法第91条第2項第4号、細則第49条第4項）を記載することとなる。

(2) **登記申請書に添付する書面とその記載**
　　　（法第35条第1項第1号、第2号、第5号）

上述したことにより省略する。

① **申請書副本**（法第40条）

上述したことにより省略する。

② **区分登記申請に必要な添付図面**（法第93条第2項）

既登記建物の建物図面、各階平面図は当該建物を管轄する登記所に設置されているが、非区分建物と区分建物については、施行令第8条に規定されている床面積の算出方法の相違などから、専有部分（区分した建物）ごとに作製することとなる。よって、各専有部分につき各別に図面を添付し、登記所の既存図面と添付された図面を差し替えることとなる。

したがって、建物の区分の登記の申請書には、区分後の建物の表示をなした建物の図面および各階の平面図を専有部分ごとに作製し添付することとなる（法第93条ノ8第2項）。また、建物の区分の登記の申請書に添付する建物の図面

および各階の平面図には符号を附し、申請書に掲げたる区分後の建物の表示にこれを附記し、各登記申請書との関係を明確にした図面であることを要する(細則第37条ノ11)。なお、この場合の符号は、①②③、(イ)(ロ)(ハ)、ABC等の適宜の符号を用いて差し支えない（準則第103条第2項)。

なお、建物の図面と各階の平面図の作製にあたっては、一個の建物毎に墨を用い、0.2ミリメートル以下の細線で鮮明に作製することとされている（準則第96条第1項、第2項、第103条第1項）。また、建物の図面と各階の平面図を共に申請書に添付する場合には、細則附録第8号ノ4様式により、日本工業規格B列4番の強靱なる用紙をもって作製する。ただし、細則附録第8号ノ4様式によることを適当としないときは、各別に細則附録第8号ノ5様式により、これを作製することを要する（細則第42条ノ6第1項）。なお、どちらの場合においても、作製した図面の標題としては、建物図面、各階平面図と記載することを要する。なお、これらの図面には、作製年月日、申請人および作製者の署名または記名押印する（細則第42条ノ6第1項後段）。

1）建物図面の様式と作製方法（細則第42条ノ6第2項）

建物の図面は500分の1の縮尺により作製し、方位、敷地の境界、その地番および隣地の地番を記載し、建物の位置および形状を明確にすることを要する。ただし、この縮尺によることを適当としないときは、適宜の縮尺によりこれを作製することができる（細則第42条ノ6第2項）。

建物の図面は、その建物を記入すべき法第17条に規定する建物所在図と同一の縮尺により作製し、その敷地および一階の形状を明確にするものとする（準則第101条第1項）。なお、境界等から建物の位置を特定するための距離について、通常の場合には、三箇所以上の記載が相当である。

さらに、当該建物（専有部分）が一階以外の部分に存する場合には、その存する階層を、たとえば「建物の存する部分三階」、「建物の存する部分四階、五階」のように記載するものとする（準則第101条第3項）。

2）各階平面図の様式と作製方法（細則第42条ノ6第3項）

各階の平面図は250分の1の縮尺により作製し、各階ごとに壁その他の区画の

内側線で各階の形状を図示し、各階の別および床面積を記載することを要する。ただし、この縮尺によることを適当としないときは、適宜の縮尺により作製することができる（施行令第8条、細則第42条ノ6第3項）。

　各階の平面図には、各階の床面積を明確にするため、各階ごとに建物の周囲の長さを記載し、かつ、一階の位置を点線で表示し、床面積の求積およびその方法をも記載するものとする（準則第102条第1項、第153条第1項）。さらに、当該建物（専有部分）の存する階層の形状が一棟の建物の一階の形状と異なるときは、一点鎖線をもってその階層の形状をも明確にするものとする（準則第101条第4項）。

③　**規約証明書**（昭和58年11月10日民三第6400号通達・第二・五・4）

　区分後の各専有部分（区分した建物）の敷地権のうち規約敷地に関するものがあるときは、登記申請書にその規約敷地を定めた規約を証する書面（区分所有法第32条の規定による公正証書）を添付することを要する（法第93条ノ8第8項、第93条ノ3第2項）。

　区分後の各専有部分（区分した建物）の敷地権の割合が規約で定められている場合には、登記申請書にその規約割合を定めた規約を証する書面（区分所有法第32条に規定する公正証書）を添付することを要する（法第93条ノ8第8項、第93条ノ3第3項）。

　区分後の各専有部分（区分した建物）の敷地権の目的たる土地に他の登記所管轄に属するものがある場合には、登記申請書にその土地の登記簿謄本を添付することを要する（法第93条ノ8第8項、第93条ノ3第4項）。

　当該建物の所有者が一棟の建物に係る区分所有法第2条第5項の建物の敷地につき有する登記したる所有権、地上権または賃借権を敷地権としない場合（一体化させない場合）には、登記申請書にこれを証する書面（分離処分可能規約：区分所有法第32条の規定による公正証書）を添付することを要する（法第93条ノ8第8項、第93条ノ3第5項）。

　敷地権の目的たる土地が、区分所有者が建物および建物が所在する土地と一体として管理または使用する庭、通路その他の土地である場合は、区分所有法

第5条第1項の規定により、建物の敷地とすることができる。

　また、区分所有法第22条第2項但し書（同条第3項において準用する場合も含む）の規約をもって定める割合によるときは、その申請書には、その規約を証する書面を添付することを要する（法第93条第3項）。

④　**代理権限証書**（法第35条第1項第5号）

　上述したことにより省略する。

⑤　**建物現地調査書**

　上述した内容の視点から、土地家屋調査士が依頼された場合には、当該建物の区分の登記申請につき調査した内容を建物現地調査書に記載し、提出している。

　当該建物の区分の登記申請に関しては、調査開始日、登記の目的、調査物件の所在地番、家屋番号、所在の確認、所有権確認、一棟の建物の状況および利用状況（「自己・賃貸の別」）、登記原因日付の認定、同一敷地内類似建物の有無、立会人（住所・氏名、申請人との関係）、その他を備考欄に記載し、調査完了日および記名押印（職印）し提出している。

　また、一棟の建物の調査事項（敷地権の有無、敷地権の種類、法定敷地権、規約敷地権など）、専有部分の調査事項（家屋番号、建物番号、区分形態、独立性の状況、利用状況、求積方法、共用部分の状況など）、規約の調査などもすることとなる。

(3)　添付した書類の原本還付（細則第44条ノ11）

　登記申請書に添付した書類について原本の還付を請求する場合には、申請人はその原本とともに原本に相違なき旨を記載した謄本を添付することを要する（細則第44条ノ11第1項）。実務上は、登記所に設置するもの以外は還付できると解している。たとえば、コンバージョンによる建物の種類の変更の登記に内装工事の契約書などを添付した場合には、この契約書などは当然還付し、所有者に返却することとなる。

(4) 建物の表示に関する登記手続 (準則第87条、第88条)

　登記所は、上述した登記申請書の提出があったときは、直ちに細則第11条に規定する受付帳に所要の事項（受付の年月日、受付番号、登記の目的、申請人の氏名「細則第13条の規定による受付帳への申請人の記載は、一名のみの氏名及び他の人員を記載すれば足りる」）を記載し、申請書類に不備な点がある場合でも、受付帳の記載を省略して便宜申請人またはその代理人に、これを返戻する取り扱いはされない（準則第54条第1項）。

　また、申請された登記について欠缺があり、その欠缺が即日に補正されないために却下することとなる場合には、なるべく事前にその旨を申請人および代理人に告げ、申請の取下げの機会を与えるとしている（準則第54条第2項）。

　また、登記申請書を登記所が受領（受付）したときに、申請人から当該申請を受領したことを証する書面の請求があったときは、登記所は受領したことを証する書面（受領証）を交付することとなる。なお、登記所が受領したことを証する書面を交付した場合には、その旨を受付帳の備考欄に記載することとなる。この受領証は登記が完了したとき、登記所が登記済証を交付する際に申請人は受領証を返還することとなる。また、返還された受領証は申請書類綴込帳に当該申請書類とともに編綴するものとされている（準則第58条第4項）。

(5) 職権による表示登記と登記官の実地調査権 (法第25条ノ2、第50条第1項)

　登記官は、職権によって不動産の表示に関する登記をすることができるとされている（法第25条ノ2）。しかし、不動産登記法に規定する申請を要すべき事項で申請のないものを発見した場合には、直ちに職権でその登記をすることなく、当該不動産の申請の義務ある者に登記の申請を催告するものとしている（準則第92条第1項）。

　したがって、不動産の表示に関する登記手続に関しては、登記官は事情の許す限り積極的に不動産の実地調査を励行し、その結果必要があるときは、不動産の表示に関する登記を職権でするものとされている（準則第87条第1項）。な

お、登記官は、実地調査と実地調査書（準則第90条）につき不動産の表示に関する登記の申請があった場合、または不動産登記法第25条ノ2に規定する登記を職権によりする場合で、必要があるときは不動産の表示に関する事項を調査することができるとされている（法第50条第1項）。

その他、土地登記簿または建物登記簿に登記されるべき土地または建物が登録されていないため、または地目その他登記されている事項が事実と相違するため課税上支障があると認める場合には、市町村長は、当該土地または建物の所在地を管轄する登記所に、そのすべき登記または登記されている事項の修正その他の措置をとるべきことの地方税法第381条第7項に規定する申出ができる。なお、この申出があった場合には、当該登記所は、すみやかに申出内容について調査し、その申出を相当と認めるときは、遅滞なくその申出に係る登記または登記されている事項の修正その他の措置をとらなければならない。また、その申出を相当でないと認めるときは、遅滞なくその旨を市町村長に通知しなければならない（準則第91条）。

5　スケルトン・インフィル分譲住宅とその登記上の取扱い

高度経済成長時代に大量建築されたマンションの老朽化が進んできたことから、その建替えが社会問題として取り上げられ、平成14年6月にはマンションの建替えの円滑化等に関する法律が制定されたところである。また、国土交通省はいわゆる100年住宅の普及を主要施策と位置付け、その一つとしてスケルトン・インフィル分譲住宅の普及に取り組んでいる。

このスケルトン・インフィル分譲住宅とは、柱・梁、床等の建物骨格・構造部分（「スケルトン」と呼ばれる部分）と、住戸内部の内装、間仕切り等の設備部分（「インフィル」と呼ばれる部分）とを区分して、設計、建築される集合住宅（マンション）のことである。

また、長期の耐用性を有し、住まい手の多様なニーズに応えるために開発された建築構法によるものであり、購入者が分譲業者からスケルトン（躯体等）を

購入し、内装業者等にインフィル（住戸内の内装・設備）を注文等し住宅を完成させる方式をいう（平成14年9月18日国住生第121号照会参考）。

スケルトン・インフィル分譲住宅等に係る登記上の取扱いについては、「分譲住宅における一棟の建物の一部の専有部分がインフィル工事未了であっても法第93条ノ2第1項に規定する一括申請ができる」（平成14年10月18日民二第2473号民事局長回答）とされている。

このインフィル工事未了の専有部分が存する場合には、建築確認申請書および同通知書・仮使用承認申請書および同通知書・工事完了引渡証明書（インフィル工事未了の専有部分を明記したもの）が当該一棟の建物に属する区分した建物の表示の登記申請書の添付書類とされている。また、インフィル工事未了の専有部分の種類は、「居宅（未内装）」と建物の種類にその状態の併記を認めるとしている。

また、租税特別措置法上の取扱いについては、登記簿上の建物の種類を「居宅（未内装）」から「居宅」に変更したときに同法上の適用住宅用家屋（居住用に供する要件）の取得に係る税制上の特例措置の適用を受けることとなる。したがって、インフィル工事完成後に「居宅」に変更の登記をすることが必要となる。なお、インフィル工事完成前の建物の種類が「居宅（未内装）」と表題部に記載されている建物について所有権の保存、移転などの登記を申請する場合の登録免許税の課税標準は、建物の種類を「倉庫」とする建物の例により認定した不動産の価格とすることとされている。

III

サスティナブル社会のコンバージョンのための20の提言

―― 諸外国の事例を踏まえて ――

建物のコンバージョンを単に不動産経営の改善手法としてとらえるのではなく、居住や都市の環境や経営の改善手法としてとらえるには不動産・建築の法・制度を再編する必要がある。

≪建築技術・制度に関して≫

1. 建物の大規模修繕・改修技術・推進体制の整備 —— 技術推進体制・新専門家の育成

　第1の課題として、建物の大規模修繕・改修技術・推進体制の整備がある。
　具体的には、コンバージョンで必要な改修工事は、新築建築とは異なる技術とその実行のための推進体制が必要となる。ゆえに、技術の推進やその実行のための職能体制の再編が必要であり、かつ建築と不動産に精通するあらたな職能の確立が求められている。

●デンマークの取組み：デンマークでは多能力職チームを作り、工事をする等の取組みが見られる。

●ドイツの「新築」でも古いものを大切に利用している事例：ポツダム・プラザ駅から徒歩3分のポツダム広場のソニーセンター。分譲マンション、賃貸オフィスビル、ミュージアム、シアター、レストラン、カフェなどの複合施設がある。その中にある分譲マンションは新築であるが、古い建物を部分的に残している。100年以上前のホテルが戦争で破壊されたために、そのホテルの4階部分を残し、それを包み込む形で、新しい建物は吊り構造とし、古い建物を上から覆う形にし、11階建てとなっている。

2. 建物の履歴情報の社会的ストック

　第2の課題として、建物の修繕や改善を進めるための社会体制として、建物の履歴情報の社会的ストックの整備がある。

　コンバージョン工事には、新築時に建築確認を受け、完了検査を受けていることが大前提となり、かつ新築時の設計図書およびその後の修繕・改善履歴がストックされていることが必要である。しかし、現実には、完了検査を行わず、また設計図書すらない事例もある。そのため、コンバージョンや大規模改修の適正な判断がしにくい、あるいは手間や費用がかかる。これらの情報を社会的

●イギリス、ドイツやデンマークでは、まちのあちらこちらで修繕工事を見かける。

■ドイツの不動産事情 —— 新築より改修の時代

　ドイツでは、そもそも古いものを大切に使う習慣があり、また保存地区の存在から、建物を簡単に建え替えないで、修繕することが多い。そして、わが国と同様にマスハウジング時代に建設された社会住宅が陳腐化してきたことから、大々的なリノベーション工事も行われている。単調な外観に変化をつける。外断熱を行う。エレベーターをつける。ベランダをつける。屋上を増築する。一方で、必要のないところは減築する。住棟エントランスの改善、ソーラーパネル、雨水再利用タンクの設置、芸術家の協力による建物壁面の描画。また、狭い住戸の2戸を1戸にするなど。古い住宅を改修し、販売する会社も多く存在している。ベルリンの建築指導課の方に聞いたところでは、現在、建築許可を行政に受けに来る物件は、もう「新築」はなく、ほとんどが「改修」であるという。

に整備し、ストックすることである。

大規模改修工事もイギリス、ドイツでは「許可」対象となり、その情報がストックされる。つまり、用途変更、改修・修繕ともに行政が関与しているのである。わが国の場合は、こうした事例を踏まえ、市場機能を利用して、社会的整備を行うことが必要である。

3. 建物の修繕勧告制度と建物保存勧告制度

第3の課題は、建物維持管理への公的介入である。

イギリスやドイツなどでは、建物保存登録制度が存在し、建替えを経営判断だけで実施できない建物も多い。こうした建物は景観を考慮した上で、改修をすることになる。ここに建物の維持管理に一定の公的関与がみられる。

わが国でも、ここ数年の傾向として、たとえば、私有財産であるはずのマンション管理・建替えに、マンション管理適正化法やマンション建替え円滑化法が示すように一定の公的関与が位置付けられるようになった。しかし、それは主には「区分所有」という複雑な所有関係の支援であり、建物の社会性が位置付けられ、かつそれにもとづく具体的な施策が実践されているとはいいがたい。

建物は都市の重要な構成要素の一つであり、その適切な維持は、それだけで十分に意味があることの価値の共有や実現体制は未熟である。不動産の価値が「土地」から「建物」に移行する上では必然的に求められる課題であり、これからは建物の社会性を強化し、建物修繕勧告の実施などが必要である。

●**イギリスの建物の景観保存**：建物の景観維持のため、壁一枚を残しての取り壊しが行われている（上：建物の裏側、下：建物の表側）。

●**デンマークの保存指定建築**：保存に指定されている住宅

4. 2段階建築確認や建物検査制度

　第4の課題は、スケルトン・インフィル分離に対応した行政制度である。
　建物が社会の変化に対応できるということは、スケルトン部分とインフィル部分の分離、スケルトンの社会化、インフィルの可変性が求められる。ゆえに、これに対応した建築行政制度、いわば2段階の建築確認や建物完了検査制度が必要となる。

5. 時間軸の導入による段階的整備

　第5の課題は、建築基準法および集合住宅の建築に関する指導要綱等の規定にあわない既存不適格建築物の問題である。
　コンバージョンに際して、すべてをコンバージョン時の法規に適合させようとすると、費用が割高になるなど、結果として事業化が困難になることがある。
　このため、建築法規への適合性については、個別の建物で判断し、時間軸を導入し、段階的に適合させていくシステムを導入すべきである。

6. 用途別建築法規制の是正

　第6の課題は、非居住用から居住用へコンバージョンする際の法規制の問題である。
　現実には、建築基準法の採光や消防法上等の規制がネックになるという。この点についてドイツでの調査で、関係者に質問をしたところ興味深い返事が返ってきた。「なぜ、そのようなことが問題になるのですか？　事務所も住宅も人間が利用する大切なところであるので、採光も避難も十分に考えなくてはな

りません。ですから、もともと基準に違いはありません」ということである。

わが国では、住宅と事務所の規制の相違がコンバージョンのネックとなっているが、建物利用者の安全や健康を考慮すると、こうした規制の相違自体が問題であり、この点を見直すことが必要である。

≪都市計画制度との関連で≫

7. 地区計画などによる立体的利用規制

第7の課題は、建物の利用用途規制である。

現在は、用途規制が緩やかで、利用用途は個々の不動産の収益性に委ねられて混在し、居住上・利用上の問題が生じている。

ドイツでは、もともとBプランで用途混在の可能性が決まっているが、さらに住戸の用途変更でも新たな「建築許可」が必要である。実質的には、近隣住民の意見を反映する必要があり、法的に可能な場合でも、実態では難しい。イギリスでも用途変更についての計画許可は、近隣等への情報公開および意見を徴集し、雇用問題も含め、都市計画や居住空間としてのアメニティを十分に検討した上で行政が決定する。そして、イギリス・ドイツともに「許可」が必要となる。

わが国でも、無秩序な混在を避けるべきである。その方法として、フロアーで用途が混在しないように、立体的な用途制限を地区計画で決めることである。

■ドイツのコンバージョンとBプラン

　ドイツでは住宅もオフィスも現在余っている状況である。そのため、オフィスビルから住宅への本格的なコンバージョンはみられなかった。2003年のマーケットリサーチによると、オフィスの空室状況は都市によって違いがある。たとえば、ミュンヘン4％、ライプチヒ23.4％、ベルリン8％の空室率となっている。一方、住宅も統一後は足りない状況であったが、いまや全国では13％の空室率を示すほど、量的には充足した状態となっている。こうして、住宅が足りないときは、住宅から事務所への用途変更を禁止する使用目的制限規制があったが、いまやほとんどの都市でこの規制は撤廃されている。そこで、用途変更は自由に行われそうであるが、実は、そういうわけにはいかない仕組みがある。それがBプランである。
　Bプランとは、Fプランと呼ばれる土地利用計画を元に、地区レベルの土地・建物の利用のあり方を詳細に規定する計画である。そこでは、地区を住居専用地区、非住居地区、混在地区と決めることになる。混在地区では同じ建物内に、事務所と住居が混在し、ある住戸を事務所から住居へ、住居から事務所へと用途変更する、すなわち部分的なコンバージョンはあたり前のことになっている。

8. 地区レベルでの共用施設整備制度

　第8の課題は、単体建物・敷地レベルの重視から地区レベルの重視である。
　コンバージョンなどの既存ストック活用の視点から考えると、中高層住宅建設指導要綱等は新築建設を想定し、適合しにくいものがある。こうした場合、建物・敷地内解決が難しいものは、地区レベルで解決することである。環境変化に対応した共用施設の整備規定である。建物が長く生きつづける上では、建物を取り巻く環境が変化する。その変化を個別建物単位で解決するのが困難なケースがある。ゆえに、地区レベルの共用施設整備制度が必要である。

●デンマークの地区としてのリノベーションへの取組み：デビューゲーデでは100年〜200年の住宅が18棟350戸、中庭を囲みならんでいる。ここは、バスのない2部屋住宅がほとんどであった。それぞれの建物が古くなり、陳腐化するとともに、広い中庭には所狭しと住宅が建てられ、住環境が悪化していた。そこに1997年から2002年にかけて、中庭から住宅を排除し、各住棟も大々的に環境を考えてのリノベーション工事が実施された。省エネを考え、室内アメニティ向上、ソーラーパネル・雨水利用・ゴミをへらす工夫など。広々とした中庭には、全ての棟の共用部分として、コモンハウス、子どもの遊び場、パーティルーム、共同の管理人室と管理人。棟ごとの管理と、全体の団地管理があり、団地全体の管理には、「住戸の広さに応じて、管理費を支払う」というわが国では慣れ親しんだ方法がとられている。

≪居住政策との関連で≫

9. 管理方法の設定の適正化

　第9の課題は、管理方法の適正化である。
　ここでは、区分所有住宅の場合と所有権が1本化されている賃貸住宅の場合をわけて考える。
　区分所有の場合にも、全体が区分所有となって分譲されるケースと、部分的に区分所有されるケースがある。
　前者の場合には、第一に、共用部分と専有部分の適切な設定が必要である。共用部分の点検などを、専有部分を通過しなくてもよいように、修繕の費用分担が明確にわかりやすいように等である。第二に、適切な管理運営費、維持管理費の設定が可能となることである。非居住用のように、不特定多数が出入りすることが前提でなく、また管理費や修繕費が家計費からの負担であることから、経済性を考慮する必要がある。
　後者は、つまり、部分的に区分所有化される場合である。この場合は、全体の衡平性、民主的な運営などを考えた管理システム、所有形態の設定が課題となる。部分的区分所有化は、いいかえると、大口所有者の存在を示す。この場合の多くに、一つめには、ピロティ、管理人室、集会室、廊下、電気室、受付、駐車場など、共用部分となるべきものが専有部分として設定されている場合がある。二つめには、土地所有に衡平性が確保されていない。三つめには、独占管理を行い、管理組合が実質的に機能していないケースが多い。
　こうした場合に、管理方法、所有形態の設定が適切に行われるように、管理規約の初期設定、所有形態の設定への指導とパブリックレポート等の情報開示が必要となる。

■アメリカのパブリックレポート

　アメリカのカリフォルニア州では、開発事業者は5戸以上の開発の場合には、全て分譲段階で州に申請する。その内容は、開発の種類、周辺環境、基本的な設備・施設の状態、税金、契約関係、コモンの状態、組合の予算、規約の準備状況である。州不動産局の分譲物件担当の職員は現地に調査に行き、物件を確認し、その結果、分譲を許可する。

　以上の手順で物件を許可すると、不動産局はパブリックレポートを発行する。パブリックレポートは購入する消費者を保護する目的で、分譲物件に関するあらゆる情報を公開するためのものである。内容は、設計どおりにつくられているか、先の調査にもとづき知りえたすべてのことを記載する。たとえば、管理規約があるか、将来の管理に要する費用、周辺環境など、詳細な内容が記載される。未完成物件に関しては計画どおりに完成することを保証するものとなる。パブリックレポートは購入者全員に提供され、購入者は契約時に必ずこれを読み、読んだことを証明するために署名をすることになる。

10. 都心居住必要層への住宅供給

　第10の課題は、建物コンバージョンが都心居住必要層への適切な住宅供給促進となることへの対応である。

　イギリスでは、補助金（ハウジングアソシエーションのコンバージョン事業に対して）を支給する一方で、場合によっては、一定の居住者層に偏らないように指導（アフォーダブルハウジングの設置を求めること）も行われる。こうした取組みが必要である。

●イギリスのコンバージョンとアフォーダブルハウジング・Perspective Building（Century House）：ウォータールー駅の南側を10分ほど歩くと斬新なデザインの建物が見えてくる。これは、政府情報機関の建物がマンションにコンバージョンされた事例である。もともと1960年代の建物であったが、売りに出され、2000年からコンバージョン工事をはじめ、2003年に工事が終了した。ここは駅から近いものの、オフィスビルの立地でなかったことから、住宅へとコンバージョンされたという。一般的な分譲住戸180戸にプラスし、アフォーダブルハウジング（適正な家賃水準の住宅）が56戸含まれている。概ね2ベッドルームタイプが主で、その他に1ベッドルームタイプや3ベッドルームタイプがある。

≪不動産取引制度との関連で≫

11. 新・不動産評価システムの確立

　第11の課題は、新しい不動産評価システムの確立である。
　土地の含み益に重きを置いてきたわが国では、個別不動産の事業性や建物固有の価値を積極的に評価する、あるいは修繕や改修が反映する不動産評価システムが確立していない。新しい不動産評価システムの確立と普及が必要である。

■イギリスの不動産評価制度

　イギリスの不動産評価にも、わが国と同様に、原価法、取引事例比較法、収益還元法がある。なかでも、収益還元法が一般的にもちいられ、実際の不動産取引価格も固定資産税の課税もこの方法をベースとしている。

12. 不動産評価にもとづいた税・融資制度

　第12の課題は、住宅を「新築」「中古」で2分類にし、新築住宅に有利な税や融資制度がとられているが、その是正である。
　現在の体制では、コンバージョン事業者やコンバージョン住宅購入者のモチベーションが高まらない。そのため、上記の不動産評価にもとづいた、つまり、建物の質による税・融資制度の確立が必要である。

●**イギリスのコンバージョンの事例**・The Panoramic Building (River Mill House)：国会議事堂（ビッグベン）からテムズ川を船に乗って南に下っていくと、右手にコンバージョン・マンションがみえる。この建物は1971年に英国ガスのオフィスとしてつくられたものである。1996年にオフィスをやめ、売りに出され、新しく購入した事業者が総戸数90戸のマンションにコンバージョンした。もともとは17階建てだった建物の上に3階分をプラスし、20階建てにしている。新築マンションに比べてコンバージョン物件の価格が安いかどうかについての定かなデータはないが、対岸の新築マンションがほぼ同じ広さで倍の値段であったことから、割安ではあるようだ。もちろん、事業者はその事業性を厳しくチェックした上で、コンバージョン工事を行っている。

このマンションの1階には、ゆったりとしたエントランスホール、ホテルのロビーのような空間、受付、エレベーターホール、メールボックスがある。外観は、確かにオフィスビルの名残りもある。こうした築年数のたった建物の購入では、建物の劣化度などが心配になるが、イギリスでは、買主の意志により建物検査を行うことできるようになっている。

13. 情報開示による不動産取引制度と住宅購入前検査制度

　第13の課題は、情報開示による不動産取引の合理化である。
　わが国の瑕疵担保の売主主義のもとでは、既存建物を購入し、コンバージョン後に販売する売主の瑕疵担保責任が大きくなる可能性がある。ゆえに、コンバージョン物件の普及には、買主の責任体制を強化する必要がある。そのためには、不動産取引における情報開示の推進が必要である。
　そこで、不動産取引制度として、購入希望者が購入判断に必要な情報を契約時までに十分に把握でき、適正な判断ができる体制として、取引前に買主の意志によって建物の検査が可能となる制度を整備することが必要である。

14. 不動産取引の専門家職能の確立

　第14の課題は、不動産の専門情報を収集する専門家を育成することである。
　イギリスやドイツでは、不動産取引に多くの専門家が立ち会っている。なかでも、ソリシターの存在がある。わが国では、概ね不動産取引には、売主側の立場にたった宅建業者しか立ち会わない。しかし、イギリスでは不動産取引で、実際に所有権が譲渡され、取引が完了するまでは、売主・買主それぞれにソリシターが代理人として登場する。ソリシターがそれぞれの立場から、当該物件に関して必要な情報を収集し、チェックを行う。こうした制度をわが国でも検討すべきである。

■イギリスの不動産取引制度

　イギリスでは、売主・買主が不動産仲介業者を通じて出会うが、不動産仲介業者は双方の代理ではなく、売主の代理人となる。買主は住宅ローンブローカーに連絡をとり、住宅ローンに関する照合をする。そこで、この機関は対象物件の担保評価を行う。場合によっては、買主は建物調査を実施する。するかしないかの判断は買主が行い、費用も買主が負担する。次に、実際に所有権が譲渡され、取引が行われる段階になると、売主・買主それぞれにソリシターが登場する。相互の立場のために、取引に必要な情報を集めてくる。たとえば、不動産権原（タイトル）、土地の境界線・通行権、地方自治体の道路整備予定、水道局に関する情報等である。住宅譲渡図書が作成され、担保融資の手続き、物件引渡し、登記が行われる。

■イギリスのソリシター

　イギリスでは、法律専門職として、バリスターとソリシターがある。ソリシターは、法律問題を相談する場合に依頼者が最初に会う弁護士（事務弁護士）で、バリスターは上級裁判所で法廷活動をする弁護士（法廷弁護士）である。ソリシターは、主に企業の法務や個人の不動産の売買、遺言書の作成や離婚調停などを担当する。ソリシターは日本でいう司法書士と行政書士をあわせたような存在で、訴訟書類や不動産登記書類の作成や官公署への提出文書の作成を行うことになる。

15. プロパティマネージャーの育成

　第15の課題は、不動産管理のプロの育成である。

　現在、わが国では不動産管理には、国家資格としてマンション管理士と管理業務主任者があるが、ともに区分所有住宅の管理に関することである。住宅以外の不動産管理、また住宅でも区分所有住宅以外に関する管理には国家資格はない。さらに、管理業はマンション管理業者を除くとだれでもできる。コンバージョンでは、不動産の総合的なマネジメント能力が問われる。こうした不動産を総合的にマネジメントできる専門家の育成が必要である。

●**イギリスのコンバージョンの事例**・The White House（Shell Downstream Building）：
　国会議事堂（ビッグベン）から21世紀のロンドンのランドマークともなっている大きな観覧車・B.A.ロンドン.アイのふもとを通り、テムズ川の右岸を少し歩くと、ロイヤル・フェスティバルホールがあり、その道路をはさんだ向かいに大きな白い建物が見える。これが、ホワイトハウスである。この建物はシェルのオフィスビルだったものが、1995年に売りに出され、サービス付高級マンションにコンバージョンされたものである。総戸数400戸。地下には、プール・サウナ・スポーツジムなどの豊かな共用施設がある。この共用施設はコンバージョン時に新たにつくられたものである。屋上にさらに2階分42部屋を増設し、13階建てにしている。コンバージョン時には駐車場やさまざまな施設の増加を行っている。
　こうしたコンバージョンの企画を行う不動産コンサルタント会社がある。

≪新・不動産制度の検討≫

16. 良好なプロジェクトを誘引するための事業性の向上策

　第16の課題として、コンバージョン事業の事業性を高める必要性がある。
　現状、コンバージョン事業の事業性は高くない。ゆえに、劣悪なコンバージョンが行われている側面が否定できない。長期的に見てコンバージョンを推進することの重要性が認められる地域を指定した上で、コンバージョン容積加算や余剰容積売買を認める区域とし、コンバージョン事業の事業性を高める。

17. 多様な事業主体が参画できる環境づくり

　第17の課題として、コンバージョン事業への多様な事業主体の参画の必要性がある。
　現状、コンバージョン事業においては資金調達が大きなネックとなっている。これを補完するためには、多様な主体が事業参画できる環境づくりが必要であり、そのための事業手法にインセンティブを与える。

18. 新所有形態の検討

　第18の課題は、新しい建物所有制度の検討である。
　建物コンバージョンの工事資金づくり等のために、所有者が建物の一部を売る、区分所有化の検討が行われている。しかし、単一所有から区分所有化といった細分化方向のみが行われ、所有形態に可逆性がない。長期利用権の検討等、可逆性をもつ所有形態の検討が必要である。

●イギリスの新築マンション：リースフォールドの所有形態

■イギリスの不動産所有制度

　イギリスでは、フリーホールドとリースホールドがある。F/HおよびL/Hとも略される。フリーホールドが土地まで家の価格に含まれるものであるのに対して、リースホールドは借地権付き住宅、つまり土地は所有権ではなく、借地権のものである。イギリスの場合は、基本的に時間的所有権（リースホールド）という考え方がある。なお、集合住宅の場合のリースホールドは、各部屋の居住者（賃借人）は住戸についての所有権をもち、共用部分は賃貸人が所有し、各住戸所有者は共用部分の賃借権と復帰権をもつ。

■アメリカの集合住宅の所有制度

　アメリカでは、集合住宅形式の所有形態は、専有部分と共用部分の共有というコンドミニアム形式、全て組合所有のストックコーポラティブ、住戸も共用部分も全住戸の共有であるコミュニティ・アパートメント、住戸が専有、共用部分は組合所有、の4ケースがある。

19. 新建物利用権の検討

第19の課題は、新しい建物利用権の検討である。

現在は、借家人の権利保護が強いため、建物の空室部分が多い場合でも、建物全体のコンバージョンには結びつきにくい。不動産における(私)個から(共)団体性の重視である。つまり、建物の集団利用の場合には、個別利用権と全体利用権の調整のルールをつくることである。賃貸用不動産の場合には、所有者(賃貸人)対賃借人という1対多対応の関係はあるが、利用者間の調整、および利用者で全体の方向を決定するルールがない。区分所有では、共同の利益と個人の利益のバランスが決められ、多数決で建替えを決議でき、所有権すら奪われる仕組みが存在する。しかし、区分利用では存在していない。ゆえに、個人の利用権が全体の利益を阻害するケースも出ている。不動産の視点が「所有」から「利用」に移行する上では、利用者が主体となった管理・利用の共同化のルールが必要である。

20. コンバージョンが示唆する不動産制度の再編 —— 居住政策・都市計画との連携のなかで

最後の課題として、コンバージョンを単に不動産経営の改善手法としてとらえるのではなく、居住や都市の環境や経営の改善手法としてとらえるには、物理的に存在する建物の社会性、建物の利用・管理行為の社会化が必要である。

たとえばイギリスでは、居住性維持のため、用途コンバージョン促進のための規制緩和を行わず、良質なものを税や補助金と許可で誘導する。税の優遇措置（改修工事に対する付加価値税＜17.5％＞の減免）や税控除（居住用コンバージョンに対する投資が税の控除対象）、補助金（ハウジングアソシエーションのコンバージョン事業に対して）を支給する一方で、場合によっては、一定の居住者層に偏

●ドイツで古いものから新しいものを生み出している事例：ミッテは、今若者が一番注目している場所らしい。ミッテでは「ホフ」と呼ばれる中庭のある建物の中におしゃれなカフェやショップがならんでいる。このホフができたのは、100年以上も前で、当時は多くの職人たちが集まる住居だった。それを、1996年に改築し、今はいくつかの中庭に、ブティックやギャラリー、映画館などが建ち並んでいる。もともとこの地域は、戦後、荒廃し、安い家賃を求めて芸術家がアトリエ兼住居として利用しはじめた。それが、ベルリンの壁の崩壊後、すっかり洗練され、今や最も新しい街となったのである。

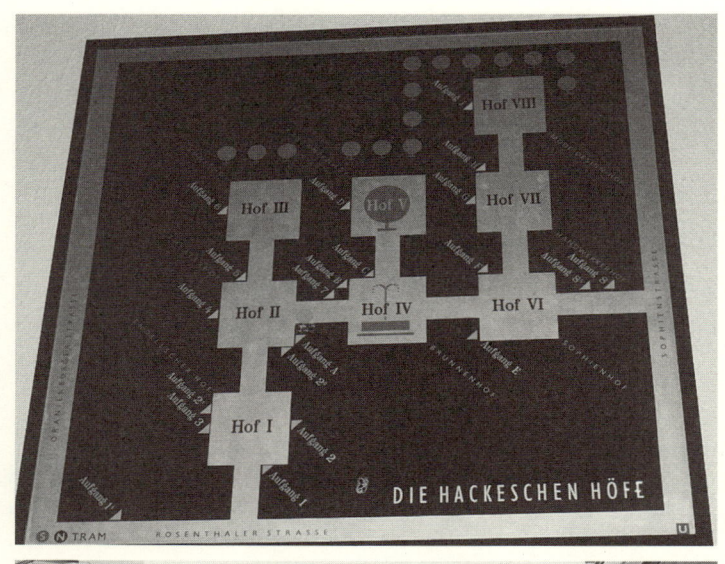

らないように指導（アフォーダブルハウジングの設置を求めること）も行われる。

　また、アメリカでは規制緩和とともに、税制優遇、補助金などもあるが、用途変更分担金制度（用途変更によって移転を余儀なくされる賃借人に建物所有者が直接支払う、または移転を支援する非営利団体に支払う）があり、コンバージョン事業が社会的に位置付けられている。

　わが国では、建物コンバージョンに対して十分な施策がない。コンバージョン等の行為が良好な居住環境の提供、都市環境の改善に寄与するには、それが住宅・居住政策、都市計画の中で位置付けられなければならない。小さな政府、民間活力を目指すからこそ、公による適正な誘導が必要である。

　コンバージョンが示唆しているのは、わが国の社会システムの再編である。

＊本提言の1〜15、18〜20は齊藤が、16、17および写真は中城が担当し、研究会での議論を踏まえて齊藤が執筆した。

■著者紹介

丸山　英気（中央大学法科大学院教授）
武田　公夫（明海大学名誉教授）
石塚　克彦（株式会社東日本住宅評価センター技術管理部）
上原由起夫（成蹊大学大学院法務研究科教授）
中城　康彦（明海大学不動産学部教授）
齋藤　広子（明海大学不動産学部教授）
井出　真　（税理士・不動産鑑定士）
森島　義博（三菱信託銀行不動産コンサルティング部専門部長）
安西　弘康（明海大学不動産学部教授・日本土地家屋調査士会連合会研究室長）

サスティナブル・コンバージョン ── 不動産法・制度等からみた課題と20の提言

2004年4月10日　印刷
2004年4月20日　発行

著　者　丸山　英気/武田　公夫/石塚　克彦/上原　由起夫/中城　康彦 ©
　　　　齋藤　広子/井出　真　/森島　義博/安西　弘康
発行者　平澤春樹
発行所　株式会社プログレス　東京都新宿区新宿1-12-12（オスカカテリーナ5階）
　　　　〒160-0022　電話03(3341)6573　FAX03(3341)6937
　　　　http://www.progres-net.co.jp　e-mail : info@progres-net.co.jp

著作権法により無断複写複製は禁止されています。落丁本・乱丁本はお取り替えいたします。　ISBN4-901431-23-4　C2034

PROGRES プログレス　PROfessional & Gratifying Rent Evaluation System　http://www.progres-net.co.jp

用地買収の理論と実践 ── 損失補償の技術向上のために
佐久間 晟（不動産鑑定士）著　■A5判（上製本）・264頁/定価2,940円（税込）

明海大学不動産学部不動産学叢書
不動産経済学
前川俊一（明海大学不動産学部教授）著　■A5判（上製本）・384頁/定価4,200円（税込）

不動産のやさしい統計分析手法
吉野 伸（不動産鑑定士）著　■A5判・276頁/定価2,940円（税込）

都市再開発事業 ── 権利変換と鑑定評価の理論と実務
中元三郎（不動産鑑定士）著　■A5判（上製本）・576頁/定価:5,040円（税込）

公共事業のための 用地買収と損失補償 ── 移転支援策の確立をめざして
海老原 彰（不動産鑑定士）/廣瀬千晃（不動産鑑定士）著　■A5判（上製本）・320頁/定価3,360円（税込）

投資家のための [入門] 不動産投資信託
Investing in REITs [Real Estate Investment Trusts]
R.L.ブロック 著　松原幸生/河邑 環 訳　■四六判（上製本）・430頁/定価2,625円（税込）

[例解] 不動産鑑定評価入門 ── 鑑定評価の仕組みとその実際
久下武男（不動産鑑定士）著　■A5判・216頁/定価2,310円（税込）

季刊 Evaluation
★不動産鑑定評価の総合実践理論誌★
■2月,5月,8月,11月発行
■B5判・96頁
■定価:1,575円（税込）